솔직히 부자는 몰라도
가난해지진 말자!

당신의 경제적 미래를 위한 단 한 권의 책

솔직히 부자는 몰라도 가난해지진 말자!

부자의 길을 열기 위한 최소한의 노력

부자가 되는 건 어려워도
상대적으로 가난해지는 것은 쉽다!
가난해지지 않는 게
경제의 첫걸음!!

저자소개

저자 **손인승**

전) 강남베드로병원 원무과 사원
전) 은평연세병원 원무과 사원
전) 명지성모병원 원무과 주임
현) (주)굿리치 보험설계사
현) (주)굿리치 마케팅이사
현) MDRT 정회원
보험주치의 상담가
보험마스터 보장분석 상담가

  저자는 의료 현장에서 다년간의 경험을 바탕으로 전문성을 갖춘 보험 상담가이다. 강남베드로병원 원무과 사원으로 시작해 은평연세병원과 명지성모병원 원무과 주임으로 근무하며 의료 현장에 대한 깊은 이해와 경험을 쌓아왔다.
  (주)굿리치의 보험설계사로 활동하며 고객 맞춤형 보장 분석과 상담에 주력해왔으며, 2024년 03월 (주)굿리치 마케팅이사로 승진하며 전문성과 리더십을 발휘하고 있다.
  '솔직히 부자는 몰라도 가난해지진 말자!'의 저자이자 '보험주치의'로 활동하며, 고객의 경제적 안정과 행복을 위한 최적의 보험 솔루션을 제공하고자 노력하고 있다.

Contents

005. 저자소개
006. 목차

1. 보장

2. 저축

010.	자산의 뼈대를 세우는 지혜		
032.	통계로 보는 질병	082.	재무설계(이론편)
037.	사망과 통계	090.	재무설계(사례편)
043.	암	096.	재무설계 법칙
048.	심장질환	102.	똑똑하게 저축하기
053.	뇌혈관 질환	108.	가계부 작성 요령
057.	노인성 질환	114.	금융상품의 이해
061.	입원	122.	인생 5대 자금과 통계
064.	수술	128.	자녀교육자금
069.	장수와 노인진료비	134.	은퇴자금 준비하기
074.	셀프 보장분석	140.	재무계산기 활용

3. 투자

4. 세금

- 150. 이기는 투자
- 156. 지키는 투자
- 151. 좋은 주식 찾기
- 166. 아주 쉬운 기술적 분석
- 170. 채권의 이해
- 175. 좋은 펀드 찾기
- 180. 왜 변액보험인가?
- 186. 변액보험의 옵션기능
- 193. 변액보험 수익률 관리 비법

- 198. 상속세 이해
- 204. 보험가입 시 세금혜택(특별편)
- 210. VIP 고객 이해 및 전략
- 217. 고액자산가 절세 방안
- 224. 법인사업자 컨설팅
- 230. CEO 플랜

보장

1. 자산의 뼈대를 세우는 지혜
2. 통계로 보는 질병
3. 사망과 통계
4. 암
5. 심장질환
6. 뇌혈관 질환
7. 노인성 질환
8. 입원
9. 수술
10. 장수와 노인진료비
11. 셀프 보장분석

01. 보장분석
: 자산의 뼈대를 세우는 지혜

 현대 사회에서 보험은 누구나 하나쯤 가지고 있을 정도로 익숙한 재테크 수단이다. 보험의 본질은 재산을 불려주는 것이 아니라 예상치 못한 경제적 타격을 줄이고 위험을 분산하는 데 있다. 그러나 많은 사람이 보험을 유지하는 과정에서 욕심이 생기고, 과도하게 가입하면서 문제가 발생한다.

 보험료가 높아지면 가정의 재정 상태를 압박하고, 결국 보험을 유지하기 힘든 상황에 빠지게 된다. 이로 인해 가입, 해지, 재가입을 반복하는 악순환이 생긴다. 이는 경제적 손실로 이어질 뿐 아니라 보험 본래의 목적을 잃게 만드는 주된 원인이다. 보험은 부자가 되기 위한 수단이 아니라 가난해지지 않도록 막아주는 안전장치로 이해해야 한다.

이러한 악순환을 방지하려면 보험의 뼈대를 올바르게 세우고, 필수적인 보장을 중심으로 체계를 잡아야 한다. 우선, 발생 확률이 높은 위험 요소를 분석하고 이를 보장하는 기본적인 보험 상품부터 가입해야 한다. 예를 들어, 건강 문제나 갑작스러운 사고와 같은 위험에 대한 대비책을 마련하는 것이 첫걸음이다. 이 뼈대가 잘 갖춰져야 이후에 필요한 보장을 부담이 되지 않는 수준에서 추가할 수 있다.

자신에게 적합한 보험을 선택하려면 전문가의 상담을 받는 것이 중요하다. 보험의 조건과 혜택은 복잡하고 다양하기 때문에 상황에 맞춘 맞춤형 설계가 필요하다. 주기적으로 보장 내용을 점검하고 불필요한 부분을 삭제하거나 조정하는 것도 보험료 부담을 줄이는 데 큰 도움이 된다.

필수보장자산 1. 실손의료비

 실손보험은 누구나 꼭 갖추어야 할 보장자산의 기초로, 의료비 지출에 따른 부담을 크게 줄여주는 필수적인 보험이다. 병원 진료, 입원, 약제비 등 실제 발생한 의료비를 기준으로 보장받을 수 있어 예상치 못한 의료비 지출에 대비하는데 효과적이다. 특히, 갑작스러운 사고나 질병으로 인해 큰 의료비가 발생했을 때 실손보험은 개인과 가정의 재정을 보호하는 든든한 안전망 역할을 한다. 하지만 실손보험의 구조와 보장 조건을 제대로 이해하지 못하면 혜택을 충분히 누리기 어렵다. 자기부담금, 면책기간, 보장한도 등 실손보험의 주요 내용을 숙지하고, 자신의 상황에 맞는 상품을 선택하는 것이 무엇보다 중요하다. 실손보험은 올바른 이해를 바탕으로 활용할 때 그 진가를 발휘한다.

[실손보험의 역할]

입원
병원비 보장

약제비
약값 부담 완화

진료비
의료 서비스 접근 용이

| 실손보험 자기부담금

 실손보험의 자기부담금은 가입 시기와 세대에 따라 달라지며, 보험금을 청구할 때 본인이 직접 부담해야 하는 비용을 의미한다. 1세대 실손보험(2009년 이전)은 자기부담금이 거의 없거나 10% 수준으로,

의료비의 대부분을 보장했지만, 보험료가 높게 책정됐다. 2세대(2009~2017)는 자기부담금이 10~20%로 늘어나며 급여 항목 90%, 비급여 항목 80%까지 보장되었다. 3세대(2017~2021)는 급여에서 10~20%, 비급여에서 20~30%의 자기부담금을 설정하며, 보장 비율은 급여 80%, 비급여 70%로 제한되었다. 4세대(2021년 이후)는 개인의 청구 빈도에 따라 보험료가 변동되며 비급여 항목에서 추가적인 자기부담금이 발생한다. 자기부담금을 정확히 이해하고 보험 상품을 선택하는 것이 중요하다.

[세대별 실손보험 자기부담금]

비급여 3종: 도수치료, 주사치료, MRI

보장항목		1세대	2세대			3세대	4세대
입원	급여	없음	10%	10%	10%	10%	20%
	비급여			20%	20%	20%	30%
통원	급여	보험사마다 다름 5천 원 or 만 원	A: 1만 원 B: 1.5만 원 C: 2만 원 약제비 8천 원	A: 1만 원 B: 1.5만 원 C: 2만 원 약제비 8천 원 OR	10% 중 큰 금액	좌동	A: 1만 원 C: 2만 원 OR 20%
	비급여			A: 1만 원 B: 1.5만 원 C: 2만 원 약제비 8천 원 OR	20% 중 큰 금액	좌동 + 비급여 3종은 2만 원 OR 30% 중 큰 금액	3만 원 OR 30% 비급여 3종도 동일
A그룹		의원, 치과의원, 한의원, 조산원, 보건소, 보건의료원, 보건지소, 농어촌 보건진료소					C그룹 외 병원
B그룹		병원, 종합병원, 치과병원, 한방병원, 요양병원					-
C그룹		상급 종합병원					종합병원, 상급 종합병원

※ 1세대 실비보험은 보험사 약관 참조, 표준화 이전이기 때문에 보험사마다 보장 내용이 다름

실손보험 보장한도

실손보험은 가입 시기별로 보장 조건과 한도가 다르기 때문에 이를 정확히 아는 것이 중요하다. 특히 통원의료비와 입원의료비는 세대별

로 한도에 차이가 있으며, 3세대와 4세대 실손보험의 경우 3대 비급여 항목인 도수치료, MRI, 비급여 주사에 대해 연간 한도가 설정되어 있다. 3세대는 각 항목에 따라 횟수와 금액이 제한되며, 4세대는 급여·비급여를 나누어 연간 보장 한도가 명확히 구분된다. 자신이 가입한 실손보험의 보장 한도를 정확히 이해해 효율적으로 활용하는 것이 중요하다.

실손보험 면책기간

실손보험의 면책기간은 보험사가 보상을 책임지지 않는 기간으로, 가입 시기와 세대별 조건에 따라 달라진다.

1세대 실손보험(2009년 7월 이전 가입)은 입원의료비와 통원의료비에 대해 일정 기간 보장 후 180일 면책이 적용되며, 상해의료비는 사고일로부터 180일만 보장한다. 2세대 실손보험(2009년 10월~2015년 12월 가입)은 입원의료비가 365일 보장된 후 90일 면책이 있으며, 이후 가입자(2016년 1월~2017년 3월)는 한도 소진 시 90일 후 보상된다. 통원의료비는 1년간 180일 한도로 보장된다.

3세대 실손보험(2017년 4월~2021년 6월 가입)은 입원의료비가 한도 소진 시 90일 면책 후 보장되며, 비급여 항목은 도수치료, 주사치료, MRI 등에 연간 한도가 있다. 4세대 실손보험(2021년 7월 이후 가입)은 급여·비급여 각각 연간 한도로 보장되며, 별도의 면책기간이 없다.

면책기간 동안 의료비는 보장받을 수 없으므로, 이를 확인하고 대비해 효과적인 보장을 받는 것이 중요하다.

[가입시기별 면책기간]

가입시기	상해의료비	입원의료비	통원의료비
2003년 10월 ~ 2009년 7월	하나의 사고 일로부터 180일간 보장하고 이후에는 더 이상 보상하지 않음 (180일 보상기간 / 365일 경과 면책)	**상해**: 하나의 사고 일로부터 1년간 보장하고 이후에는 더 보장하지 않음 (365일 보상기간 / 365일 경과 면책) **질병**: 하나의 사고로부터 365일 보장 후 180일 면책기간 발생 후 재보장 (365일 보상기간 / 180일 경과 면책 / 보상한도 복원)	**상해**: 한 사고당 365일 또는 연간 30회 한도 보장 (365일 보상기간(30회 한도) / 365일/30회 한도 경과 면책) **질병**: 하나의 질병 연간 30회 보장 후 180일 면책기간 발생 후 재보장 (365일 보상기간 / 180일 면책기간 / 보상한도 복원)
2009년 8월 ~ 2014년 3월		하나의 사고로부터 365일 보장 후 90일 면책기간 발생 후 재보장 (365일 보상기간 / 90일 경과 면책 / 보상한도 복원)	매년 계약해당일로부터 1년간 180회 한도 (365일 180회 한도 보상 / 보상한도 복원(365일 180회 한도 보상))
2014년 4월 ~ 2015년 12월		하나의 사고로 최초 입원일로부터 365일간 보장 후 90일 면책기간 발생, 이후 재보장 (최종 퇴원일 기준 180일 경과 시 한도 복원 ▶ 2014.03 이전 적용 X)	매년 계약해당일로부터 1년간 180회 한도
2016년 1월 ~ 2021년 6월		5천만 원 소진 시 90일 면책기간 발생 / 275일 이내 소진 시 최초 입원일로부터 365일까지 면책기간 ■ 발병(입원)일 기준 가입금액 한도보상(입원일 275일 이상/이내 구분) 최초입원일 ~ 보상한도(5천만원 한도) 종료일이 275일(365일~90일) 이상인 경우 90일 면책기간 이후 보상한도 복원 (한도 5천 보상완료 / 90일 경과 면책 / 보상한도 복원 / 275일 이상 입원 시 / *가입금액(5천만 원 가입 시)) 최초입원일 ~ 보상한도(5천만 원 한도) 종료일이 275일(365일~90일) 이내인 경우 최초입원일로부터 365일 경과 후 보상한도 복원 (한도 5천 보상완료 / 212일 / 보상한도 복원 / 135일 이상 입원 시 보상제외 / *가입금액(5천만 원 가입 시))	매년 계약해당일로부터 1년간 180회 한도
2021년 7월 ~		연간 5천만 원 한도	연간 5천만 원 한도

필수보장자산 2. 암보험

 암은 우리가 평생 살아가면서 3명 중 1명이 경험한다고 할 정도로 흔한 질병이다. 이는 암이 우리 삶의 일부가 될 가능성이 크다는 뜻이며, 재정적 부담을 덜고 암 치료와 관련된 다양한 상황에 대비하기 위해 암보험은 필수적인 보장자산으로 꼽힌다. 암보험에 가입할 때는 암 재진단 및 반복 치료 보장, 암진단비, 비급여 암치료비라는 3가지 핵심 요소를 반드시 고려해야 한다.

▎암진단비

 암보험 가입 시 암진단비 특약은 필수적으로 포함해야 한다. 암은 산정특례를 통해 치료비의 95%를 건강보험으로 보장받을 수 있어 암보험이 불필요하다는 의견도 있다. 하지만 이는 현재의 상황에만 국한된 이야기다.
 한국은 초고령사회로 진입하면서 건강보험 재정에 대한 우려가 커지고 있다. 현재의 건강보험 제도가 암 치료에 관해 잘 설계되어 있는 것은 사실이지만, 인구 구조 변화와 재정 부담 증가로 인해 이 혜택이 줄어들 가능성이 있다.
 암진단비는 단순히 치료비를 충당하는 역할만 하는 것이 아니다. 암 치료는 장기적인 과정이 필요한 경우가 많아 생활비, 가족 부양비 등도 함께 고려해야 한다. 암진단비는 이러한 장기적인 경제적 부담을 완화하는 데 중요한 역할을 한다.

비급여 암치료비

암 치료와 관련된 최신 기술과 비급여 의료비에 대비하는 것도 매우 중요하다. 최근 다양한 첨단 암치료 기술이 도입되면서 치료 효과는 높아지고 있지만, 대부분의 최신 기술은 건강보험이 적용되지 않는 비급여 항목으로 분류된다.

급여 항목은 건강보험공단에서 지원되지만, 비급여 항목은 환자가 전적으로 부담해야 한다. 예를 들어 특정 항암제나 첨단 방사선 치료 기술 등은 비급여로 적용되는 경우가 많아, 환자 입장에서는 큰 경제적 부담으로 작용할 수 있다.

암보험 가입 시에는 비급여 항목 보장 특약이 포함되어 있는지 반드시 확인해야 한다. 이는 예상치 못한 고액의 치료비에 대비할 수 있는 가장 확실한 방법이다.

[급여 vs 비급여 암치료비]

암 재진단 및 반복 치료 보장

최근 의료기술의 발전과 조기 진단의 확대로 인해 암 환자의 생존율이 높아지고 있다. 하지만 암 치료 과정은 단기적으로 끝나지 않고, 재진단이나 반복적인 치료가 필요한 경우가 많다. 예를 들어 초기 치료 후 암이 재발하거나, 다른 부위에 전이되는 경우에도 경제적 부담이 크게 증가할 수 있다.

　암보험 가입 시에는 이러한 재진단암 보장이나 반복적인 치료를 포함하는 조건을 확인해야 한다. 일부 암보험은 첫 진단 후 일정 기간이 지나야 재진단 보장이 시작되거나, 재발 시 보장 금액이 줄어드는 경우가 있다. 반면 최근 출시된 상품 중에는 재진단 보장을 강화한 암보험이 등장하고 있어, 가입 전 충분히 비교하고 선택하는 것이 중요하다.

[암 치료 과정과 재진단 과정]

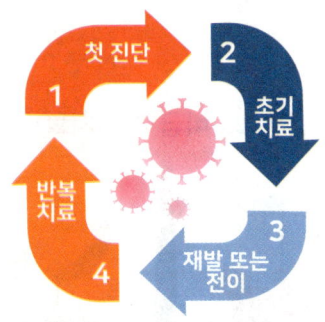

암보험은 단순히 암 치료비를 보장하는 상품이 아니다. 면책 및 감액 기간, 암진단비, 비급여 암치료비를 종합적으로 고려하여 가입하면, 암 치료 과정에서 발생하는 다양한 경제적 부담을 덜 수 있다. 암은 치료 기간뿐 아니라 장기적인 생활에 영향을 미치는 질병인 만큼, 암보험을 통해 의료비와 생활비를 모두 대비하는 것이 중요하다. 미래의 불확실성에 대비하기 위해 지금 암보험의 조건과 보장을 꼼꼼히 살피는 지혜가 필요하다.

필수보장자산 3. 2대질환보험

 뇌질환과 심장질환은 현대인의 주요 사망원인으로, 이에 대비하는 2대질환보험의 중요성이 날로 커지고 있다. 특히 2023년 사망원인통계에 따르면 심장질환은 2위, 뇌혈관질환은 4위를 차지할 만큼 위험도가 높은 질환이다.

보장 범위 확인

 단순히 뇌출혈이나 급성심근경색처럼 중증 질환만 보장하는 상품은 선택하지 않는 것이 좋다. 뇌출혈은 뇌혈관이 터지는 경우에만 해당되고, 급성심근경색은 심장 혈관이 갑자기 막히는 경우에만 보장이 이루어진다. 하지만 실제로 뇌와 심장 관련 질환은 이보다 더 다양한 형태로 나타날 수 있다.

 예를 들어, 뇌혈관질환은 뇌출혈뿐 아니라 뇌경색이나 일과성 허혈발작처럼 혈액순환 장애로 발생하는 다양한 질환을 포함한다. 허혈성 심장질환 역시 협심증이나 안정형 심근경색 등 심장으로 가는 혈류가 감소해 발생하는 여러 질환을 포함한다. 이처럼 폭넓게 보장하는 상품은 초기 단계의 질환부터 중증 단계까지 대비할 수 있게 해준다.

[단일 보장]
뇌경색 / 급성 심근경색

[확장 보장]
뇌경색 / 뇌경색 / 허혈성 심장질환

▎최신 치료에 대한 보장 여부 확인

뇌질환과 심장질환은 치료 기술이 지속적으로 발전하고 있는 분야로, 진단 이후 적용되는 치료 방법도 점차 다양해지고 있다. 하지만 이러한 첨단 치료는 고비용이 소요되며, 대부분이 비급여 항목으로 분류된다. 따라서 2대질환보험을 선택할 때는 단순히 진단비만 보장하는 것이 아니라, 최신 치료기술이나 비급여 항목에 대한 보장 여부를 반드시 확인해야 한다.

예를 들어, 심장질환의 경우 스텐트 삽입술, 인공심장 이식, 로봇 수술과 같은 고가의 치료법이 사용되는데, 이는 환자에게 적합한 치료 옵션을 제공하면서 생존율을 높이는 데 중요한 역할을 한다. 마찬가지로 뇌질환의 경우 혈전 제거를 위한 카테터 기반의 치료법이나 신경재활 로봇 치료 등이 비급여로 적용될 가능성이 크다.

보험 상품에 따라 비급여 치료비를 보장하는 특약이 포함되어 있거나, 특정 치료 기술에 대한 지원이 가능한 경우도 있다. 이러한 보장은 치료 옵션을 선택하는 데 있어 환자와 가족의 부담을 줄이고, 더 나은 치료 결과를 도모할 수 있게 한다.

▎보장 기간 확인

평균 수명이 늘어나면서 100세까지 보장받을 수 있는 상품을 선택하는 것이 바람직하다. 특히 뇌·심장질환은 나이가 들수록 발병 위험이 높아지므로, 충분한 보장 기간을 확보하는 것이 중요하다.

또한 가족력이 있다면 젊을 때 미리 가입하는 것이 유리하다. 뇌·심장질환은 유전적 영향을 많이 받는 질환이므로, 가족력이 있는 경우 더욱 철저한 대비가 필요하다. 젊을 때 가입하면 상대적으로 저렴한 보험료로 평생 보장받을 수 있다는 장점이 있다.

[보장 기간 비교 그래프]

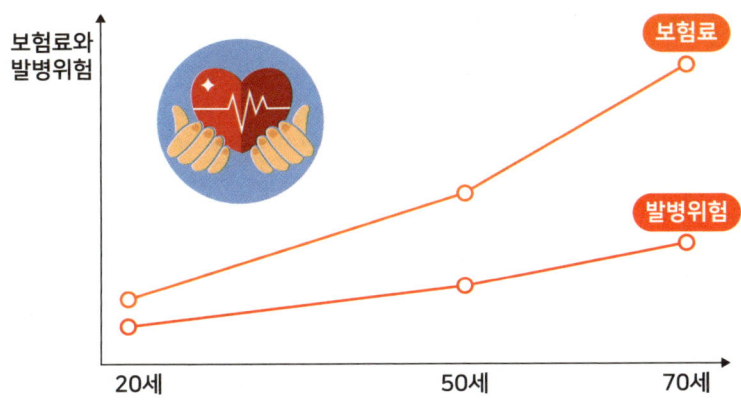

필수보장자산 4. 수술비

 수술비 특약은 질병수술비, 1-5종수술비, N대수술비 세 가지로 구분되며, 각각의 특성과 보장 범위에 차이가 있다. 이러한 특약들을 적절히 조합하면 수술비에 대한 보장 공백을 최소화하고 보다 효율적인 보장을 받을 수 있다.

▎질병수술비의 특징

 질병수술비는 질병으로 인한 수술 시 보장받는 특약으로, 위·대장 용종 제거와 같은 간단한 수술도 보장되어 보장 범위가 매우 넓다는 장점이 있다. 하지만 보장금액이 크지 않아 고비용 수술에는 부족할 수 있다는 한계가 있다.

[보장 범위는 넓지만 보장금액은 낮음]

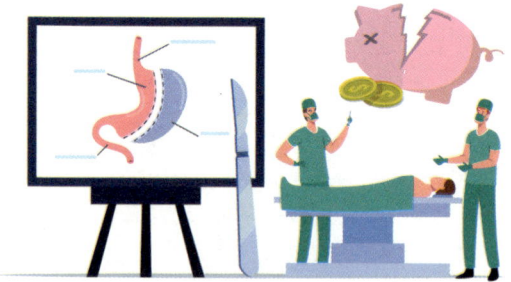

▎1-5종수술비의 특징

 1-5종수술비는 질병의 종류와 수술의 중요도에 따라 1종부터 5종까지 등급을 나누어 차등 보장한다. 1-2종은 안검하수증, 치핵,

요실금, 용종 제거 등 비교적 가벼운 수술을, 3-5종은 암, 뇌, 심장 관련 수술 및 주요 장기 수술을 보장한다. 수술의 심각도에 따른 차등 지급으로 효율적인 보장이 가능하다.

[수술 중요도 → 보장금액 증가]

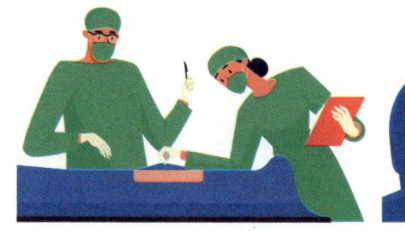

1-2종
: 안검하수증, 치핵, 요실금, 용종 제거 등 비교적 가벼운 수술

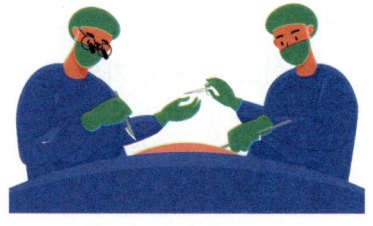

3-5종
: 암, 뇌, 심장 관련 수술 및 주요 장기 수술

N대수술비의 특징

N대수술비는 약관에 명시된 특정 질병의 수술만을 보장하는 특약이다. 보험사별로 112대, 119대 등 보장하는 질병의 개수가 다르며, 암, 뇌, 심장 등 중대 질병에 대한 고액의 수술비를 집중적으로 보장한다. 단, 약관에 명시되지 않은 수술은 보장받지 못한다는 제한이 있다.

이러한 세 가지 수술비 특약은 각각의 장단점이 있어 하나의 특약만으로는 완벽한 보장이 어렵다. 따라서 질병수술비로 기본적인 보장을, 1-5종수술비로 수술 중요도에 따른 차등 보장을, N대수술비로 고액의 중대 질병 수술 보장을 받을 수 있도록 조합하여 설계하는 것이 바람직하다. 이를 통해 보장의 공백을 최소화하고, 보험료 대비 효율적인 보장을 받으며, 고비용 수술에도 대비할 수 있다.

필수보장자산 5. 골절, 화상진단비

　보험에서 가장 기본이 되는 보장 중 많이 놓치는 보험이 바로 골절진단비와 화상진단비이다. 생각 외로 해당 보험을 빠트리는 경우가 많지만 막상 화상이나 골절 사고가 발생했는데 보상을 제대로 못 받는 경우가 많이 있다. 이 두 가지 보험특약은 일상생활에서 흔히 발생할 수 있는 보장이므로, 보험 가입 시 꼭 확인해야 할 항목이다.

▎골절진단비의 특징

　골절이란 뼈가 부러지거나 금이 가는 등의 손상을 의미한다. 보험에서는 치아파절이 포함된 골절진단비 상품과 제외된 상품이 있어 가입 시 주의가 필요하다. 특히 치아파절이 포함된 상품의 경우, 치아가 깨지거나 부러졌을 때도 골절진단비를 받을 수 있다. 따라서 보험 가입 시 약관을 꼼꼼히 살펴보고, 치아파절 포함 여부를 확인하는 것이 중요하다. 그리고 해당 특약을 더 든든하게 가입을 원하는 경우에는 골절수술비와 5대골절진단비를 추가할 수 있다. 5대골절은 머리, 목, 척추, 골반, 대퇴골 골절을 의미한다.

[5대골절 진단비 보상]

- 머리의 으깸 손상 S07
- S12 목의 골절
- 흉추의 골절 및 흉추의 다발골절 S22.0 ~ S22.1
- S32 요추 및 골반의 골절
- 대퇴골의 골절 S72

화상진단비의 특징

화상진단비는 조금 더 복잡한 기준이 적용된다. 화상은 크게 표재성 화상과 심재성 화상으로 구분되는데, 보험금은 일반적으로 심재성 2도 이상의 화상에 대해서만 지급된다. 표재성 화상은 피부 표면에만 발생 하는 가벼운 화상을 의미하며, 이는 대부분 보장에서 제외된다. 심재성 2도 이상의 화상은 피부 깊숙한 층까지 손상이 있는 경우를 말하며, 이런 경우에만 화상진단비가 지급된다.

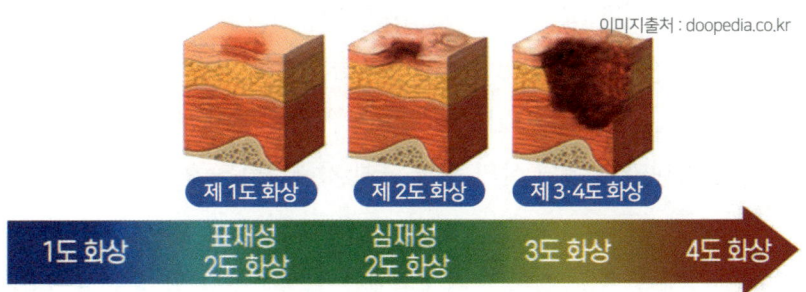

[화상의 종류]

필수보장자산 6. 치매/간병보험

 2024년 대한민국은 초고령사회에 진입함과 동시에 치매환자 수가 100만 명을 돌파했다. 이러한 추세는 앞으로도 계속되어 2040년에는 치매환자 수가 200만 명을 초과할 것으로 전망된다. 치매는 완치가 어렵고 점진적으로 악화되는 질병이기 때문에 사전에 철저한 대비가 필요하다.

 치매는 뇌 기능이 서서히 저하되면서 기억력, 판단력, 언어능력 등이 감퇴하는 질환이다. 초기에는 단순한 기억력 저하로 시작하지만, 중기와 말기로 진행될수록 일상생활이 불가능해지고 간병이 필수적이다. 치매는 장기간 지속되는 질병 특성상 경제적 부담이 매우 크다. 환자 본인뿐만 아니라 가족의 삶의 질도 크게 저하시키는 요인이 된다.

 이러한 치매의 특성 때문에 치매보험은 간병보험과 함께 분류되며, 발병 시 경제적 부담을 줄일 수 있는 중요한 대비책이 된다.

간병보험의 종류와 주요보장 내용

간병보험은 크게 다음과 같은 보장 내용을 포함한다.

1. 치매보험

치매는 중증도에 따라 경증, 중등증, 중증으로 구분된다. 치매보험은 이러한 중증도 단계별로 진단금을 지급한다. 일반적으로 중증 치매 진단 시 더 높은 진단금이 지급되며, 이는 치료비와 초기 간병 비용을 충당하는 데 도움이 된다.

[치매 초기 증상인 경증치매부터 중증치매 보장]

2. 재가급여지원특약

재가급여는 치매 환자가 자택에서 생활할 때 필요한 서비스를 지원하는 혜택이다. 방문요양, 방문간호, 주간보호 등의 서비스 이용 시 발생하는 비용을 보장한다. 정부의 장기요양보험으로 충당되지 않는 부분을 보완하는 역할을 한다.

[재가급여의 종류]

3. 시설급여지원특약

치매가 진행되어 전문 요양시설에서의 케어가 필요할 경우, 시설 입소 비용을 지원하는 특약이다. 요양원 및 요양병원 이용 시 발생하는 비용의 일부를 보장받을 수 있다.

[시설급여의 종류]

4. 간병인 지원 혜택

간병인 사용일당, 간병인지원일당 등의 형태로 제공된다. 전문 간병인을 고용할 경우 일정 금액을 지원받을 수 있어, 장기간 간병에 따른 경제적 부담을 완화할 수 있다.

최근 간병비용은 급격히 상승하여 많은 가정에 심각한 경제적 부담을 주고 있다. 현재 한국의 간병비 상황은 매우 우려스러운 수준에 이르렀다. 2023년 기준으로 1일 평균 간병비는 12만 7,000원에 달하며, 이를 월 단위로 환산하면 약 380만 원의 비용이 발생한다. 더욱 심각한 것은 실제 현장에서는 월 400만 원에서 500만 원까지 상승하는 사례도 늘고 있다는 점이다.

간병비용의 증가 추이를 살펴보면 그 심각성을 더욱 실감할 수 있다. 2014년에는 1일 평균 8만 2,000원이었던 간병비가 2023년에는 1일 평균 12만 7,000원으로 약 55%나 증가했다.

이러한 상황에서 정부 차원에서도 지원이 이루어지고 있지만 역시 한계가 있다. 정부 지원금을 받더라도 매월 수백만 원씩 개인이 추가로 부담해야 하는 현실이다.

중요한 것은 간병보험이 단순히 치매에만 국한된 것이 아니라 뇌졸중, 파킨슨병, 중증 골절, 각종 말기 질환 등 다양한 질병으로 입원하거나 간병이 필요한 상황에서도 혜택을 받을 수 있다는 점이다. 이는 간병보험의 실용성을 크게 높이는 요소로, 노년기에 발생할 수 있는 여러 건강 문제에 대비할 수 있게 해준다. 이러한 다양한 질병과 간병 필요 상황에 대해서는 뒤에서 더 자세히 살펴보겠다.

▎치매/간병보험 고려사항

치매와 간병보험을 선택할 때는 여러 가지 중요한 사항들을 꼼꼼히 살펴봐야 한다. 우선 보장 범위가 얼마나 폭넓은지 확인하는 것이 중요하다. 치매는 진행 단계별로 필요한 케어와 비용이 크게 달라지기 때문에, 경증부터 중증까지 단계별 보장이 되는지, 특히 중증 치매 시 충분한 보장이 이루어지는지 면밀히 검토해야 한다. 그리고 치매에 국한 된 것이 아니라 노인성질환 등 다양한 질병에 대한 간병비 지원이 가능한지도 검토해야 한다.

또한 간병비 지원 금액이 실제 필요한 비용을 충당할 수 있는지도 중요한 고려사항이다. 현재의 간병비 추세와 미래 물가상승률을 감안했을 때, 보험에서 지원하는 간병비가 충분한지 따져봐야 한다.

일당 금액뿐만 아니라 지급 기간이 실제 필요한 간병 기간을 적절히 커버할 수 있는지도 꼼꼼히 검토하는 것이 좋다.

 마지막으로 특약 구성의 실용성도 중요하다. 재가급여, 시설급여, 간병인지원 등 다양한 특약 중에서 본인의 상황과 가족 구성, 향후 케어 계획 등을 고려하여 필요한 특약을 선별적으로 선택하는 것이 효율적이다. 불필요한 특약은 과도한 보험료 부담만 가중시킬 수 있으므로 신중하게 결정해야 한다.

 치매와 간병은 고령화 사회에서 점점 더 많은 사람들이 직면하게 되는 필연적인 문제이다. 개인적 차원에서는 건강한 생활습관을 유지하고, 정기적인 건강검진을 통해 예방에 힘쓰는 동시에, 경제적 대비도 철저히 해야 한다.

 치매보험과 간병보험은 단순한 비용 대비 수단이 아닌, 환자와 가족 모두의 삶의 질을 유지하기 위한 중요한 안전망이다. 간병비용의 급격한 상승 추세를 고려할 때, 젊고 건강할 때 미리 가입하여 보험료 부담을 줄이고 충분한 보장을 받을 수 있도록 준비하는 것이 현명하다.

  치매와 간병에 대한 대비는 곧 건강한 노후와 가족의 행복을 지키는 첫걸음이다. 미래의 불확실성에 대비하여 지금부터 차근차근 준비해 나가는 것이 무엇보다 중요하다. 다음 장에서는 간병이 필요한 다양한 질병과 그에 따른 구체적인 보험 혜택에 대해 더 자세히 살펴보겠다.

02. 보장분석
: 통계로 보는 질병

우리는 현재 4차 산업혁명,
100세 시대라는 새로운 패러다임 시기를 지나고 있다.
이런 새로운 환경 속에 우리에게 반드시 필요한 물건은 무엇일까?

바로 나에게 맞는 보장진단을 통한 보장자산이다.

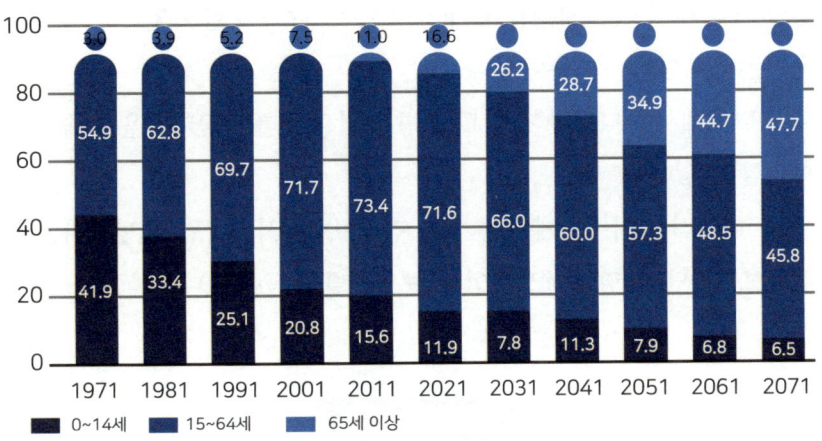

'새롭다'라는 말 속에는
'불확실하다'라는 의미도 담겨 있다.

가상화폐가 처음 출시되었을 때 금융시장의 반응은 '새롭다', '신선하다'도 있었지만 그 속에는 엄청난 불안과 불확실성이 내포되어 있었다. 이 세상의 거의 모든 새로운 것들은 신선함, 기대를 주지만 그와 함께 늘 불안, 변동성, 불확실성 등 부정적 요소를 같이 가지고 출시된다.

100세 시대에 접어들면서 장수에 대한 기대가 분명히 생겨났지만 그에 반해 **노인 의료비와 연금 필요성 급증**이라는 불안 요소도 같이 가지고 오게 되었다. 누구도 살아보지 못했던 새로운 시대에 **보험은 선택이 아닌 필수 상품이 되어 버린 것이다.**

보험 상품은 단순히 보험설계사가 권해서 가입하는 상품이 아닌 본인 스스로가 반드시 필요해서 가입해야 하는 상품이다. 그런데 보험 상품은 어떤 상품을 선택하느냐, 어떤 특약을 넣느냐에 따라 가격이 천차만별이다. 결국 가격 대비 어떤 보장을 얼마큼 가져가느냐가 보험 가입을 잘 했는지 못했는지 판단하는 기준이 된다.

우리나라에서는 다양한 건강 및 질병 관련 정보를 공공기관을 통해 쉽게 확인할 수 있다.

그중 대표적인 사이트에는 **통계청, 건강보험심사평가원, 질병관리본부, 건강보험공단, 생명·손해보험협회, 보험개발원** 등이 있다.

· 과거
감염성 질환 > 비감염성 질환
- **기생충**
- **곰팡이균류**
- **바이러스**
- **박테리아**

· 현재
감염성 질환 < 비감염성 질환
- **바이러스**

과거에는 감염성 질환의 비율이 높았지만 현재에는 비감염성 질환의 비율이 높다

예전에는 감염성 질환이 많았지만 최근에는 비감염성 질환이 훨씬 더 많다. 그만큼 **생활환경**이 개선되어 외부적인 요소보다 식습관, 운동 등 **내부적인 요소가 더 중요해졌다**는 것을 확인할 수 있다.

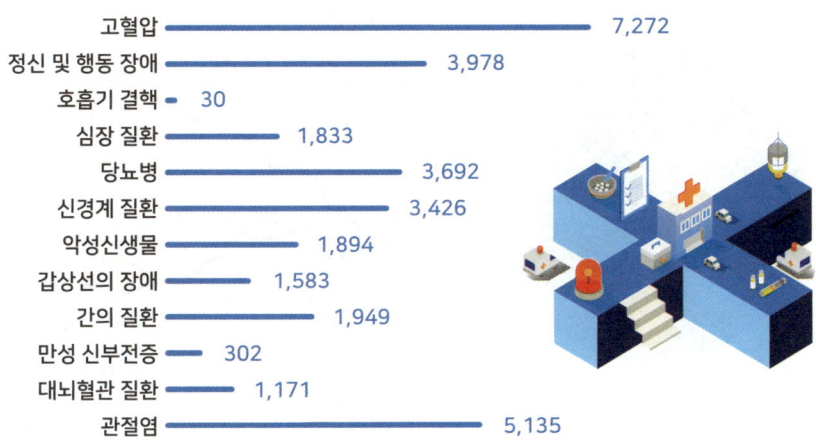

2022년 만성 질환 진료 인원
[출처 : 건강보험심사평가원 / 단위 : 천 명]

- 고혈압 — 7,272
- 정신 및 행동 장애 — 3,978
- 호흡기 결핵 — 30
- 심장 질환 — 1,833
- 당뇨병 — 3,692
- 신경계 질환 — 3,426
- 악성신생물 — 1,894
- 갑상선의 장애 — 1,583
- 간의 질환 — 1,949
- 만성 신부전증 — 302
- 대뇌혈관 질환 — 1,171
- 관절염 — 5,135

건강보험 심사평가원 자료에 따르면 내부 요소에 의한 만성 질환인 고혈압, 신경계 질환, 당뇨병의 급증을 확인할 수 있다. 개인적인 건강관리가 중요해졌다고 할 수 있다.

통계청 자료를 살펴보면 우리나라 사망 원인 **1위가 암, 2위가 심장 질환, 3위가 폐렴으로 최근 심장 질환이 급증**하고 있는 것을 확인할 수 있다. 전문가 의견에 따르면 심장 질환이 급증하는 가장 큰 원인은 비만이라고 한다. 이 또한 앞서 이야기한 개인적인 건강관리와 관계가 있는 것으로 풍요로운 시대를 살아가면서 먹는데 큰 어려움이 없는데도 불구하고 자기관리 부족으로 발생하는 현상인 것이다.

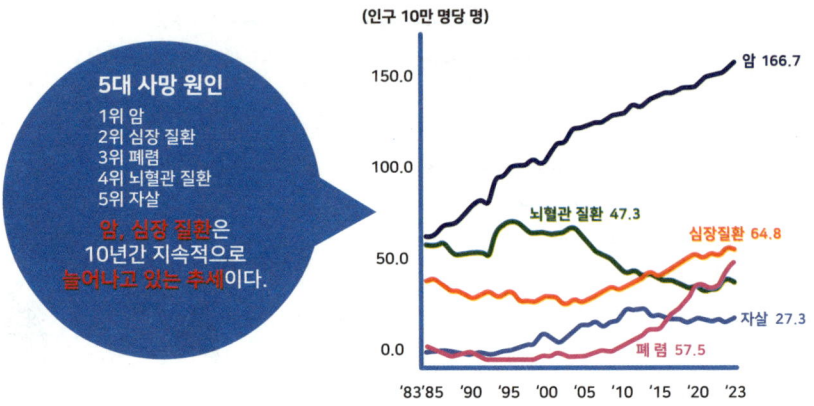

금융감독원 자료에 따르면 **국민 1명당 3.6개의 보험에 가입되어 있다.** 우리가 보험 상품을 가입하는 이유는 불의의 사고를 당했을 때 보장을 받기 위함이다. 그런데 사고당 얼마의 보험금이 나오는지 그리고 보험금 규모가 얼마가 적절한지 모르는 사람이 대부분이다. 우리나라 3대 사망 원인은 **암, 심장 질환, 폐렴으로 두 명 중 한 명은 이 질병으로 사망**한다. 만약 가장이 처자식을 두고 사망했다고 가정하였을 때 얼마의 보험금이 적절할까?

보험개발원 자료를 살펴보면 **1인당 사망보험금은 2,955만 원이다.** (삼성생명, 2009-2018) 사람의 생명 가치를 두고 보면 이는 결코 많은 금액이라 볼 수 없다.

다음 장부터 각 질병 및 상황에 따라 필요한 자금을 산출하고 본인에게 맞는 보장자산을 산출해 보도록 하자.

03. 보장분석 : 사망과 통계

사람은 언젠가 반드시 죽는다.

췌장암으로 사망한 스티브 잡스의 명언 중 '죽음은 삶이 만든 최고의 발명품'이라는 말이 있다. 언젠가 죽는 우리가 죽음이라는 단어 앞에 오늘을 어떻게 살아야 하는지를 나타내는 중요한 이야기를 한 것이다. 그렇다면 죽음이라는 단어 앞에서 우리는 어떤 삶을 살아가야 할까?

재무적 관점에서 바라보면 사망보험금은 죽음이라는 단어 앞에 스스로 대비할 수 있는 아주 중요한 금융 자산이 아닐까? 단순히 사망보험금을 유족 위로금으로 생각하는 사람도 있겠지만 재무적 관점에서 바라보면,

상속세, 부채 상환, 유족 생활비 등 다양한 필요가 발생할 수 있다. **사망보험금은 재무적 문제에 대한 대비책이라고 볼 수 있다.**

 최근 통계청 자료를 살펴보면 한국의 평균 결혼 연령은 남자 32세, 여자 30세이다. 남자는 보통 결혼을 기점으로 가장이 되는데, 가장은 가정에 대한 책임을 져야 하는 위치이다.

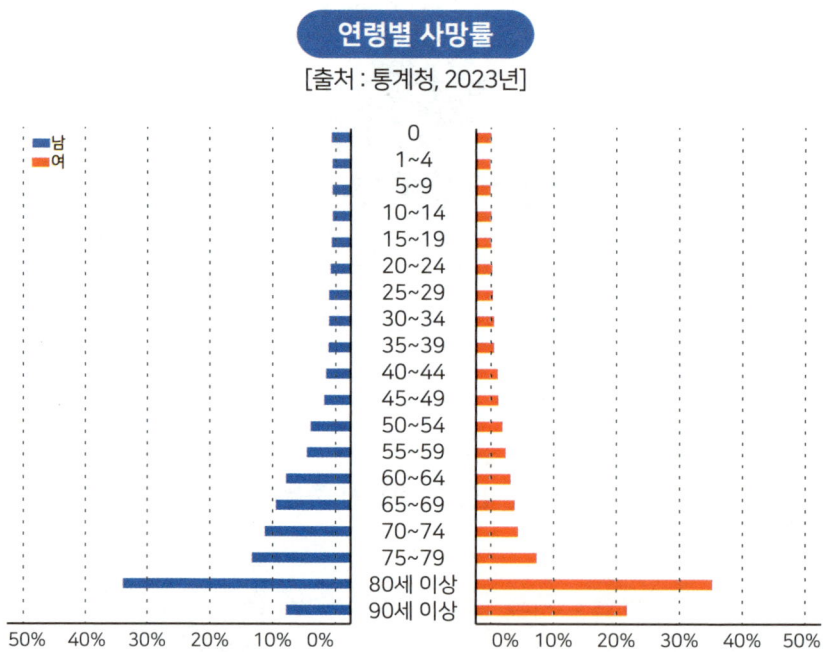

가장(30세~65세)이 은퇴하기 전 사망하는 확률은 33%다. 3명 중 1명은 은퇴 전 사망한다.

만약 가장이 소득기간 중 사망하게 되면

어떤 재무적인 문제가 발생할까?

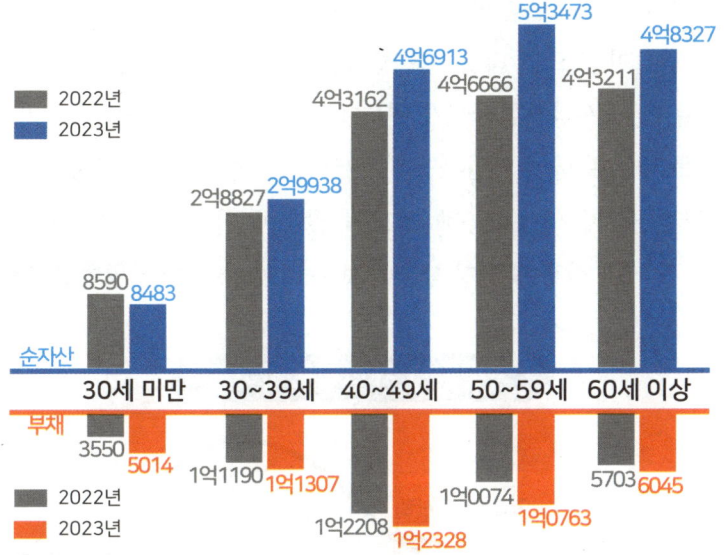

굳이 필자가 이야기하지 않아도 예상되는 문제들이 있을 것이다.
부채 상환 문제 및 생활비 문제 등 다양한 재무적 문제가 발생한다.

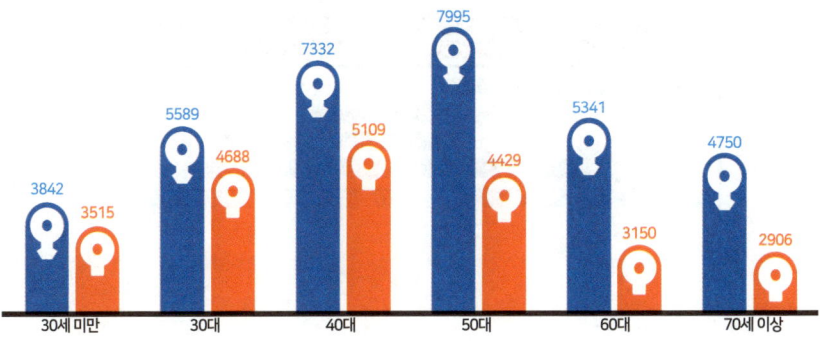

이렇게 사망보험금은 가장의 유고 시 발생할 수 있는 부채 및 생활비를 감안하여 보험금 규모를 산출할 수 있다.

 사망보험금이 많으면 많을수록 좋지만 보험금 중에 가장 큰 사업비를 차지하는 것이 사망보험금이기 때문에 마냥 많은 보험금을 받으려 높은 보험료를 내는 보험에 가입하기에는 부담스러울 수 있다. 보통 사망보험금을 보험대상자 연봉의 3배 정도에 맞추어 가입하는 것을 권장하고 있지만, **각 가정 상황에 맞게 산출해 보는 것이 가장 좋은 방법일 것이다.**

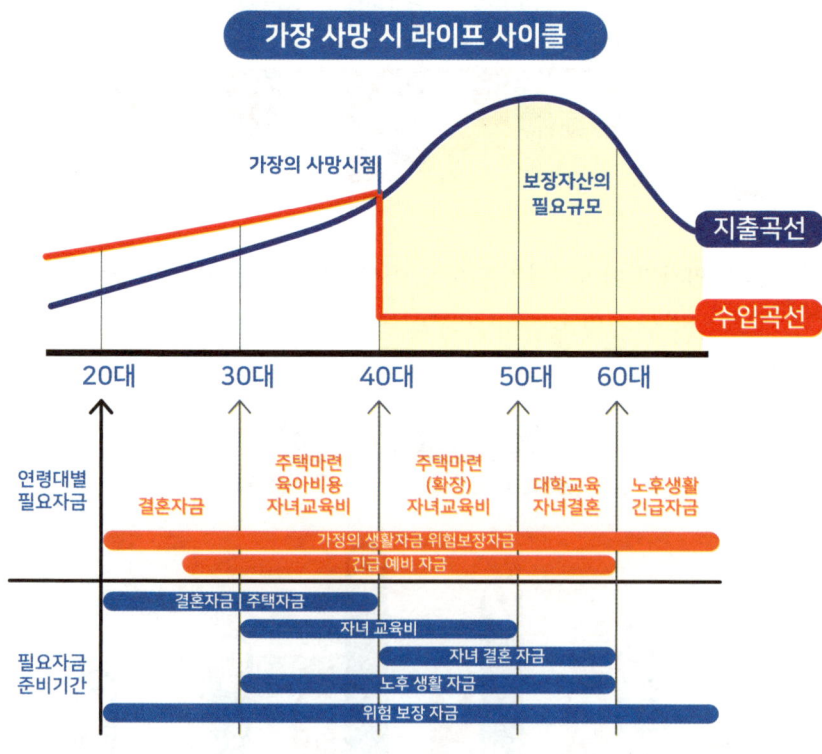

부채금액+필요자금(교육자금, 주택자금 등)을 감안해서 보험금을 산출할 수 있으며(재무 니즈 방법), 가장의 평균 연봉과 소득 기간을 추정하여 계산하는 방법(생애 가치 방법)도 있다.

사망보험금이 산출되면 어떤 보험 상품에 가입해야 할까?

사망 통계를 살펴보면 질병사망이 전체 사망률에서 90% 이상을 차지하고 있다. 우리는 보통 뉴스 및 매체를 통해 교통사고 및 재해로 사망하는 경우를 자주 접하지만 생각보다 이런 사고로 사망하는 경우는 매우 희박하다. 따라서 **상해 및 재해사망보다는 질병사망보험금이 더 중요함을 알아야 한다.**

사망 원인과 사망률, 사망자 수

[출처 : 통계청, 2022년 / 단위 : 만 원]

순위	사망 원인	사망률	22년 순위 대비
1	악성신생물(암)	166.7	-
2	심장 질환	64.8	-
3	폐렴	57.5	↑ (+1)
4	뇌혈관 질환	47.3	↑ (+1)
5	고의적 자해(자살)	27.3	↑ (+1)
6	알츠하이머병	21.7	↑ (+1)
7	당뇨병	21.6	↑ (+1)
8	고혈압성 질환	15.6	↑ (+1)
9	패혈증	15.3	↑ (+2)
10	코로나 19	14.6	↓ (-7)

일반사망

제6조 [보험금의 지급 사유]
회사는 피보험자에게 다음 중 어느 하나의 사유가 발생한 경우에는 보험수익자에게 약정한 보험금(별표 1 "보험금 지급기준표" 참조)을 지급합니다.

1. 사망보험금
   피보험자가 보험기간 중 사망하였을 때(자살, 자연사, 원인불명)

상해사망·질병사망

1-1 상해사망 특별약관

제6조 [보험금의 지급 사유]
회사는 피보험자가 보험 증권에 기재된 이 특별약관의 보험기간(이하 「보험기간」) 중에 상해의 직접 결과로써 사망한 경우(질병으로 인한 사망은 제외) 보험 증권에 기재된 이 특별약관의 보험가입금액을 사망보험금으로 보험수익자에게 지급합니다.

2-1 질병사망 특별약관

제6조 [보험금의 지급 사유]
회사는 피보험자가 보험 증권에 기재된 이 특별약관의 보험기간(이하 「보험기간」) 중에 질병으로 사망한 경우 보험 증권에 기재된 이 특별약관의 보험가입금액을 사망보험금으로 보험수익자에게 지급합니다.

[출처 : 보험약관]

질병사망과 상해사망을 구분하는 보험 상품은 주로 손해보험 상품에 있다. 하지만 손해보험 상품에 질병사망 가입 한도가 보험사마다 일정 금액 이하로 정해져 있기 때문에 고객이 원하는 금액의 사망보험금이 지급되는 보험에 가입하기 어려울 수 있다. 넓은 한도 및 넓은 보장을 받기 위해서는 생명보험사의 종신보험이나 정기 보험 상품을 가입해야 한다. 종신보험은 사망에 대해 종신토록 보장해 주는 것이고, 정기보험은 일정 기간만 보장해 주는 상품으로 종신보험보다 저렴하다.

04. 보장분석 : 암

우리나라에서 가장 많이 발생하는 질병은 암이다.

국가통계자료에 따르면 우리나라 사람이 평생 살면서 암에 걸릴 확률은 35.3%였으며, 남자는 5명 중 2명(37.7%), 여자는 3명 중 1명(34.8%)이 암에 걸릴 것으로 추정하고 있다. 국가암등록통계의 연령별 암 발생률 자료를 살펴보면, 60대 중반까지는 여자의 암 발생률이 더 높다가, 이후부터는 남자의 암 발생률이 더 높아지는 것을 확인할 수 있다.

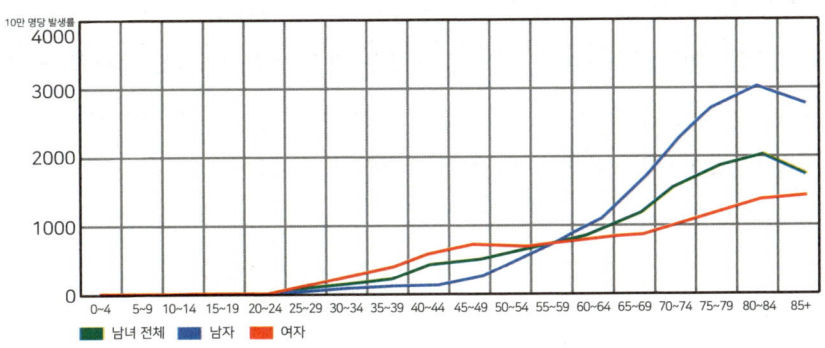

모든 암의 연령군별 발생률
[출처 : 국가암정보센터, 2022년]

성·연령별 암 발생률을 살펴보면 0~14세군은 남녀 모두 백혈병, 15~34세군은 남녀 모두 갑상선암, 35-64세군 중 남자는 대장암, 여자는 유방암, 65세 이상군 중 남자는 전립선암, 여자는 대장암이 1위를 차지하였다.

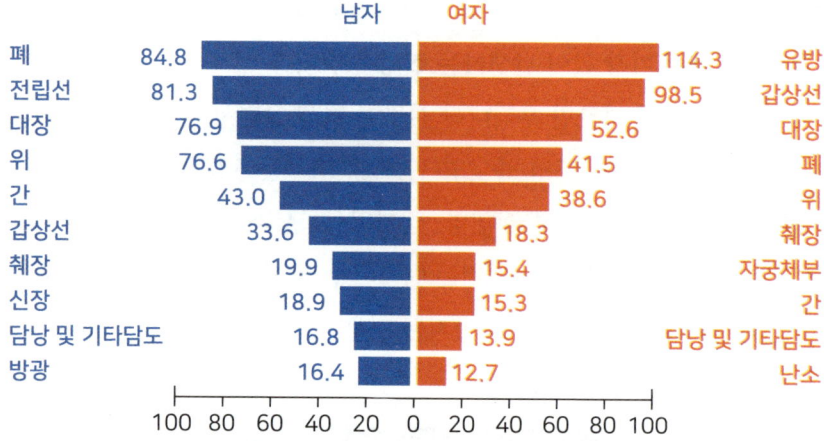

가장 많이 발생하는 암은 갑상선암이며 그 아래로는 대장암, 폐암, 유방암, 위암, 전립선암, 간암의 순으로 많이 발생하고 있다. 남자의 경우 폐암, 전립선암, 대장암, 위암, 간암, 갑상선암 순서이며, 여자의 경우 유방암, 갑상선암, 대장암, 폐암, 위암, 췌장암 순서이다.

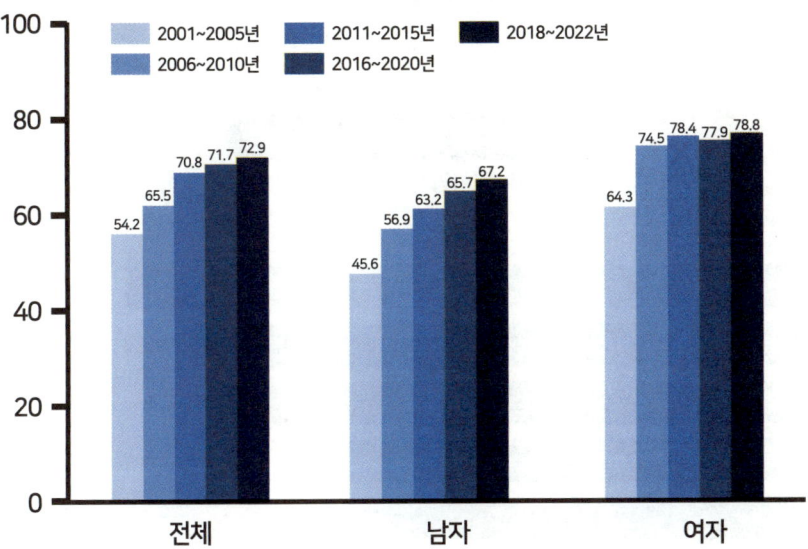

최근 **암 발병 후 5년 생존율이 70%를 넘어서고 있다.**

5년 생존율을 살펴보는 이유는 암은 완치라는 단어를 사용할 수 없는 질병이기 때문이다. 수술 및 항암요법을 통해 암이 사라졌다 하더라도 재발 및 전이 위험성이 존재하기 때문에 5년 동안의 생존율을 통해 암 치료 효과의 상대적인 지표를 볼 수 있다.

그런데 갑상선암 환자의 5년 상대 생존율이 100.1라는 것이 이상하지 않은가?

이는 해당 기간 중 발생한 암 환자가 5년 이상 생존할 확률을 추정한 것이기 때문이다. 암 환자와 동일한 연도, 성별, 연령의 일반인의 5년 기대 생존율과 비교하여 5년 생존할 확률을 측정한 것이므로 **상대 생존율이**

100% 라면 일반인의 생존율과 동일함을 의미한다. 즉, 같은 연령, 같은 성별의 갑상선암에 걸리지 않은 일반인과 갑상선암 환자를 비교했을 때 갑상선암 환자의 5년 생존율이 더 높다는 의미이다.

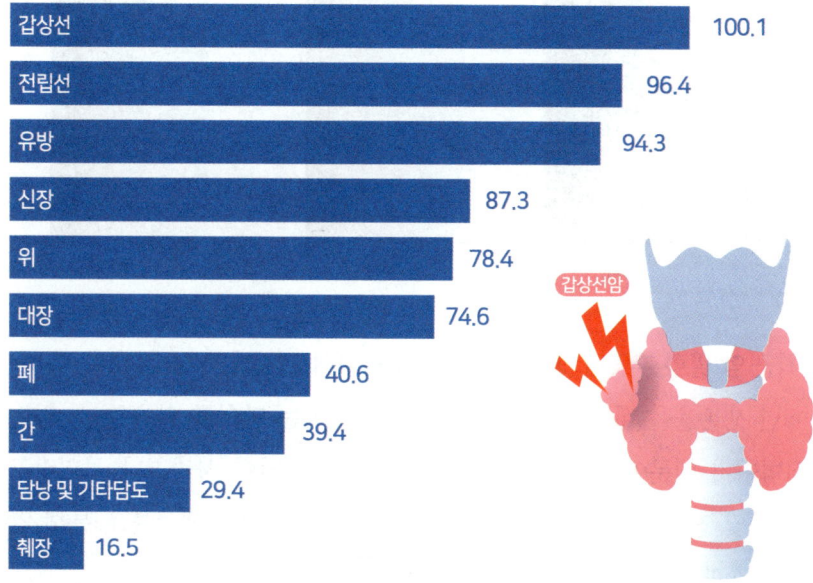

주요 암 5년 상대 생존율
[출처 : 국가암정보센터 / 단위 : %]

갑상선	100.1
전립선	96.4
유방	94.3
신장	87.3
위	78.4
대장	74.6
폐	40.6
간	39.4
담낭 및 기타담도	29.4
췌장	16.5

암 생존율이 높아졌다 하더라도 간·폐·췌장·담낭 및 기타 담도 암은 여전히 낮은 생존율을 보이고 있다. 이 암들의 특징은 **조기 발견이 어려워 어느 정도 암이 진행된 뒤 발견된다는 점이다.**

상위 10대 암

[출처 : 국가암정보센터, 2022]

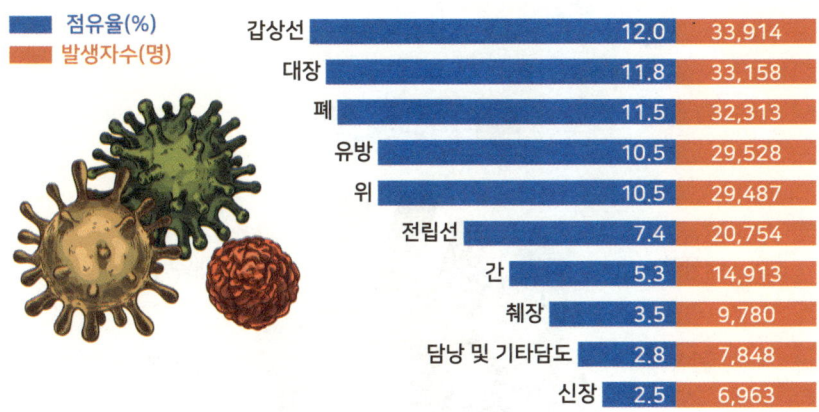

	점유율(%)	발생자수(명)
갑상선	12.0	33,914
대장	11.8	33,158
폐	11.5	32,313
유방	10.5	29,528
위	10.5	29,487
전립선	7.4	20,754
간	5.3	14,913
췌장	3.5	9,780
담낭 및 기타담도	2.8	7,848
신장	2.5	6,963

암 치료비는 암 종류별로 차이는 있지만 대부분 수천만 원 이상 발생한다. 최근 정부가 보건복지를 위한 정책으로 다양한 의료 지원을 하면서 암 치료비도 지원을 해주고 있다. 암 생존율이 높아지면서 병원 치료비는 어느 정도 지원을 받는다 하더라도 문제는 생활비이다. 비급여 항목의 항암치료도 많이 받는 추세로 향후 암 치료비는 더 올라갈 수도 있다. 실제로 조사한 자료에 따르면 **최근 7년간 암 치료비가 4.2배나 증가한 것으로 나타났다.**

그뿐만 아니라 암을 치료받았다 하더라도 재발이나 전이 가능성이 있기 때문에 치료 후 식습관 및 스트레스에도 각별히 주의해야 하므로 암 발생 전과 같은 소득 및 소비 수준을 기대하긴 어렵다.

05. 보장분석 : 심장질환

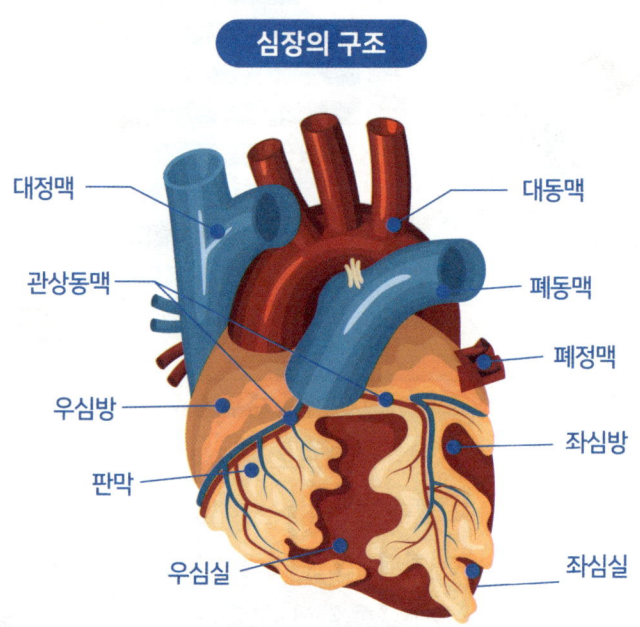

혈관 중 심장 혈관(심혈관)은 매우 중요하다.

심장에서 1분당 2.5~3.5L씩 뿜어져 나오는 혈액을 온몸으로 제대로 보내는 데 핵심적인 역할을 하기 때문이다. 심혈관 건강 문제로 인한 사망자는 한 해 3만 명가량 된다.

세계보건기구(WHO)의 통계에 따르면 **심혈관계 질환이 세계적인 사망률 31%로 1위를 차지하였으며, 우리나라의 경우 두 번째로 높은 사망률**을 기록하고 있다.

심장 질환별 사망자 수

[출처 : 통계청, 2024 / 단위 : 10만 명당 명, %]

	허혈성 심장질환 (심근경색증, 협심증 등 포함)	고혈압성 질환	기타 심장질환 (심부전, 심내막염 등 포함)
2013	26.8	9.4	23.3
2023	27.4	15.6	37.4
증감률	2.4%	66%	60.5%

심장 질환은 크게 협심증, 심근경색, 심부전으로 구분할 수 있다.

협심증은 심장 근육이 요구하는 **혈액량, 산소량에 비해 공급량의 규모가 부족할 때 생기며** 발병 시 가슴을 쥐어짜는 듯한 심한 통증이 발생한다. 관상동맥에 죽상동맥경화증이 있거나 경련이 생겨 그 구멍이 좁아지면 심장 근육에 공급되는 혈액량이 부족해져 통증이 생긴다. 갑자기 심한 운동을 해서 상대적으로 혈액이 부족해져도 이런 통증이 생길 수 있다.

심근경색은 관상동맥이 매우 좁거나 막혀서 심장으로 가는 피가 부족해 심장 근육 세포가 파괴되는 병이다. 이렇게 상한 심장 근육은 회복되지 않으며 **이는 허혈성 심장병의 가장 심한 상태이다.**

심부전은 심장 기능에 장애가 와서 우리 몸이 필요로 하는 충분한 피를 심장이 방출하지 못하는 상태를 말한다. 심부전이 오면 심장 앞에 있는 동맥으로는 충분한 피를 내보내지 못하고 심장 뒤의 정맥으로는 심장으로 들어와야 할 피가 정체된다. 심장에 생기는 모든 병의 마지막 단계는 심부전이다. **모든 심장병이 말기에는 심부전이 될 수 있다.**

심장 질환 발생 현황
[출처 : 건강보험심사평가원, 2023]

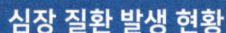

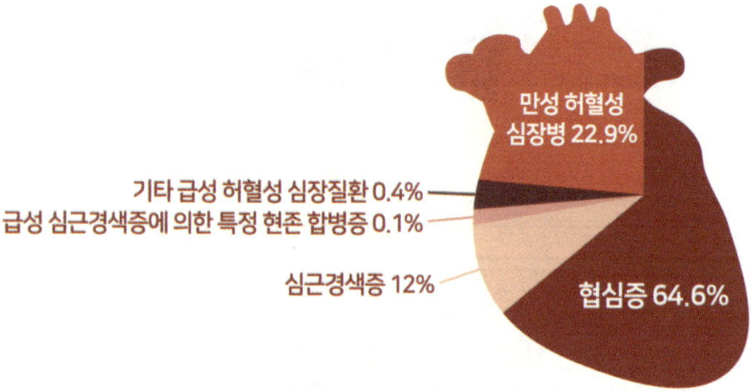

- 만성 허혈성 심장병 22.9%
- 기타 급성 허혈성 심장질환 0.4%
- 급성 심근경색증에 의한 특정 현존 합병증 0.1%
- 심근경색증 12%
- 협심증 64.6%

심장 질환의 범위

심장 질환
- 협심증
- 기타 급성 허혈성 심장 질환
- 만성 허혈성 심장 질환

급성 심근경색
- 급성 심근경색증
- 속발성 심근경색증
- 급성 심근경색증에 의한 특정 현재 합병증

현재 발생하는 심장 질환의 대부분은 협심증이다.
심장의 혈관이 막히는 정도에 따라 협심증과 심근경색을 구분할 수 있다.

협심증은 가슴 통증을 느끼게 되는 일련의 병리 상태로 심장 근육에 손상을 주지 않고 회복이 가능한 상태이다. 하지만 심근경색은 가슴 통증이 20분 이상 지속되고 그 정도가 심한 경우에는 심장 근육이 손상되어 본래 기능이 돌아올 수 없으므로 생명에 위협을 줄 수도 있다.

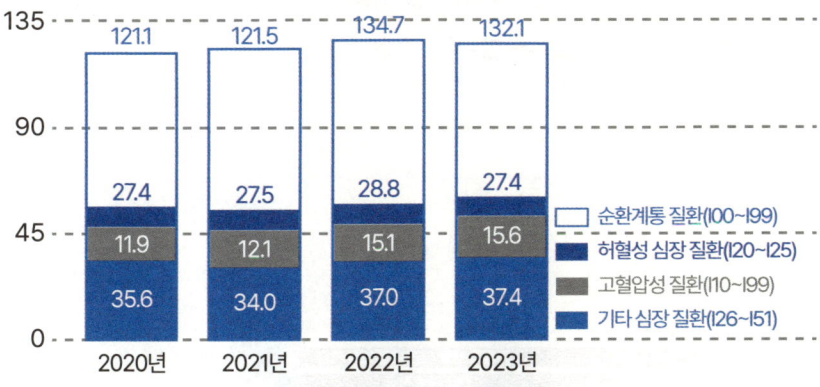

연도별 심장 질환 사망자 수
[출처 : 국가통계포털, 2024 / 단위 : 10만 명당 명, %]

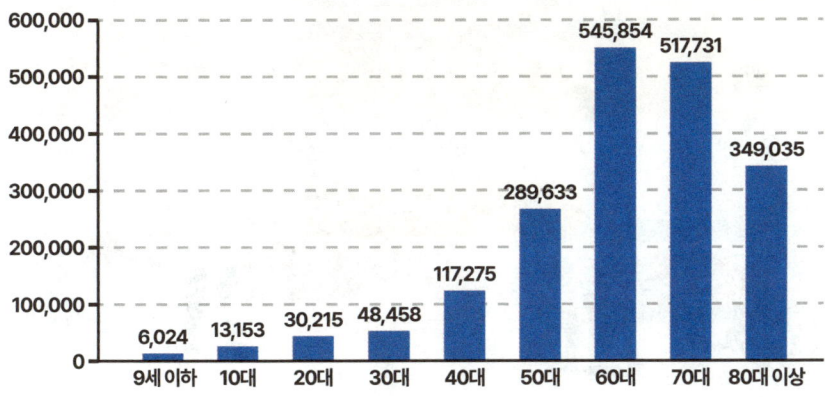

연령별 심혈관 질환
[출처 : 건강보험공단, 2022/ 단위 : 명]

최근 **심장 질환 환자가 4년 사이 5만 명가량 증가**했다.

 뇌혈관 질환 사망률보다 높아져 현재 **우리나라 사망률 2위가 심장 질환이다.** 심장이 펌프질을 멈추면서 생기는 심인성 쇼크는 사망률이 40%가 넘는다. 심장 근육은 한 번 손상되면 회복이 불가능하기 때문에 그만큼 심장 질환이 위험하다는 것을 알 수 있다.
 심장 질환 환자 수 통계를 살펴보면 **50대까지는 남자 환자 수가 많지만 그 이후에는 여자 환자 수가 많다.**

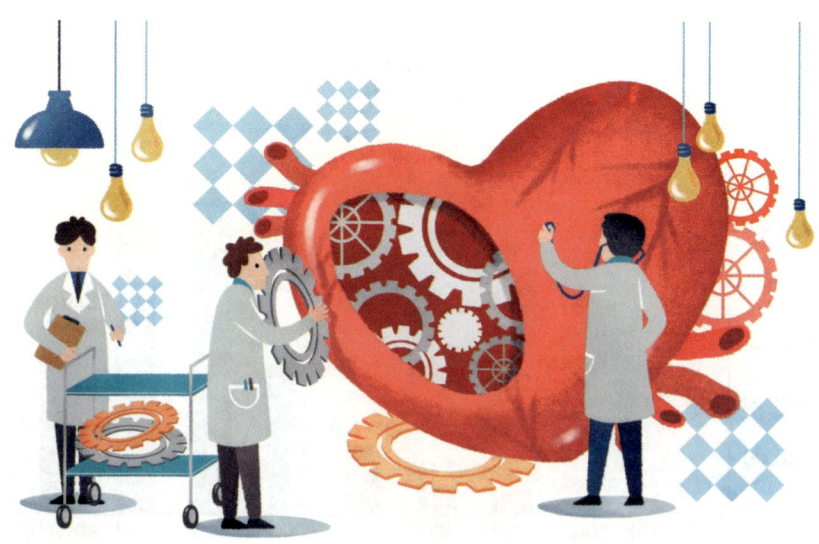

06. 보장분석 : 뇌혈관 질환

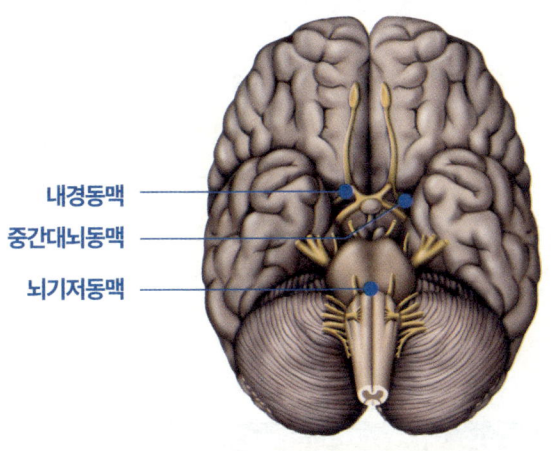

뇌혈관 구조
- 내경동맥
- 중간대뇌동맥
- 뇌기저동맥

4차 산업혁명이 진행되면서 인공지능에 대한 관심이 뜨겁다. 뇌를 최대한 추종하는 과학의 가능 여부에 대한 관심이 크다는 것은 사람의 뇌에 대한 동경이 크다는 사실을 의미한다. 인간의 뇌는 제2의 우주라고 할 정도로 복잡하고 관련 연구가 계속 이어지고 있다. 그래서 '뇌과학'이라는 단어가 나오고 있는지도 모른다. 이렇듯 중요한 **뇌를 활동할 수 있게 하는 것이 뇌혈관**인데 뇌혈관을 통해서 신선한 피와 산소가 공급된다.

뇌혈관 질환의 범위

뇌혈관 질환
- 출혈 또는 경색증으로 명시되지 않은 뇌중풍
- 기타 뇌혈관 질환
- 달리 분류된 질환의 뇌혈관장애
- 뇌혈관 질환의 후유증

뇌졸중
- 뇌전동맥의 폐색 및 협착
- 대뇌동맥의 폐색 및 협착
- 뇌경색증

뇌출혈
- 거미막밑 출혈
- 뇌 내 출혈
- 기타 비외상성 머리 내 출혈

뇌혈관이 막혀 있거나 터져서 발생하는 뇌혈관 질환은 국내 사망 원인 중 암 다음으로 많다. 한 의학전문 매체에 따르면 혈전, 출혈 및 기형으로 인해 발생할 수 있는 다양한 뇌혈관 질환이 있는데 그 질환으로는 뇌졸중, 일과성 허혈 발작, 지주막하 출혈 등이 있다.

뇌혈관 질환을 크게는 뇌출혈과 뇌경색으로 나눌 수 있다.

뇌경색(허혈성 뇌졸중)

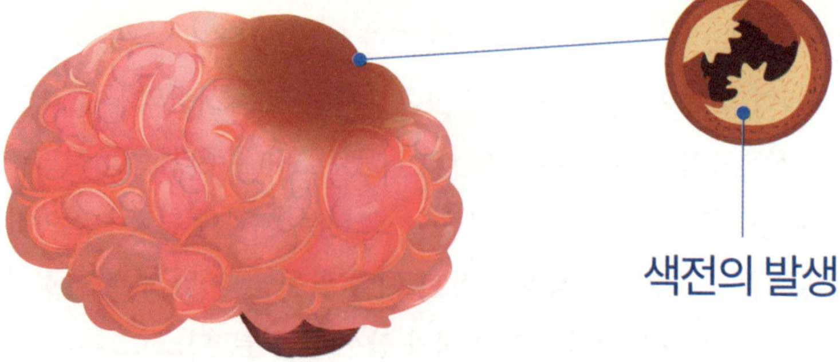

색전의 발생

뇌경색은 뇌혈관 일부가 막혀서 뇌가 충분한 산소를 전달받지 못해 제 기능을 하지 못하는 것을 말하며, 허혈성 뇌졸중이라고 불린다. **뇌경색은 전체 뇌졸중의 80~90%를 차지한다.**

뇌출혈(출혈성 뇌졸중)

▶ 85~90%에서 고혈압성 뇌출혈 발생

▶ 기타 동정맥루(AVM)와 같은 혈관 기형이나 외상, 종양 등으로 인해 발생

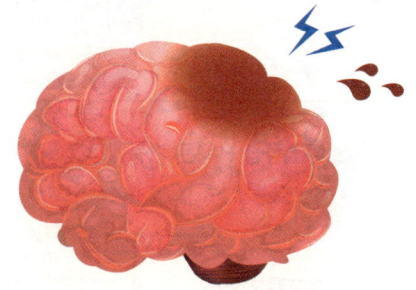

뇌출혈은 두개골 내에 출혈이 생겨 발생하는 뇌혈관 장애이다. 뇌혈관이 파열되면 뇌 조직 내부로 혈액이 유출되는데, 이것을 뇌출혈이라 한다. 외부로부터 받은 강한 충격으로 뇌혈관이 파손되는 경우도 있지만 **고혈압으로 인해 발생하는 고혈압성 뇌출혈이 대부분**을 차지한다.

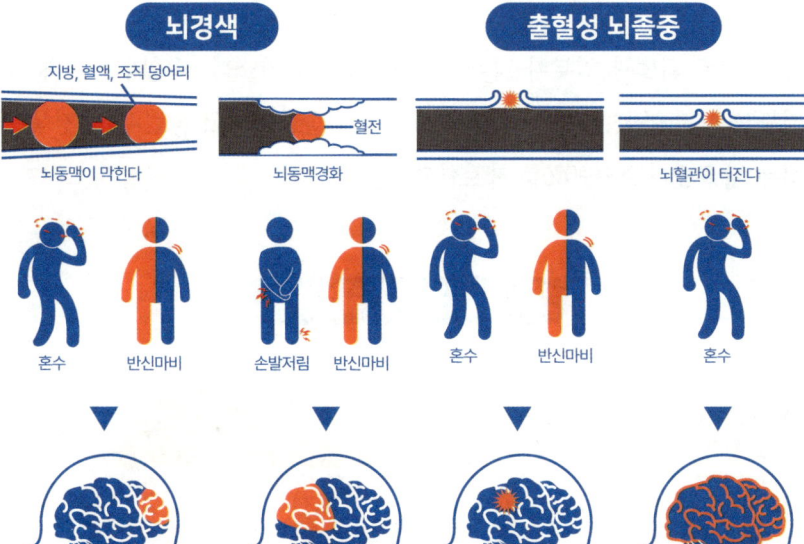

　뇌혈관이 파열되어 출혈을 일으키는 출혈성 뇌졸중 환자가 지속적으로 증가하고 있는 것으로 나타났다. 건강보험심사평가원 통계 자료에 따르면 뇌출혈 진료를 받은 사람은 2018년 대비 2022년 4.8%가 증가하였다. 즉, 연평균 1.2%의 증가율을 보이며 지속적으로 상승했다는 것이다. 연령별 통계에 의하면 남자는 60대가 가장 많았고, 여자는 70대가 가장 큰 비중을 차지했다.

　전체 환자 수는 소폭 상승하였지만 **진료비는 20%가 넘게 상승**하는 추세이다.
　뇌 질환 사망자 수는 암과 심장 질환 대비 적은 편이지만 반신마비 등 큰 후유증으로 인해 경제활동이 어려우므로 생활비 부족 문제를 겪을 수 있다.

07. 보장분석 : 노인성 질환

노인성 질병 코드

[출처 : 「노인장기요양보호법 시행령」, '노인성 질병의 종류']

구분		질병코드
한국표준 질병사인분류	1. 알츠하이머병에서의 치매	F00
	2. 혈관성 치매	F01
	3. 달리 분류된 기타 질환에서의 치매	F02
	4. 상세불명의 치매	F03
	5. 알츠하이머병	G30
	6. 자주막하출혈	I60
	7. 뇌 내 출혈	I61
	8. 기타 비외상성 두개 내 출혈	I62
	9. 뇌경색증	I63
	10. 출혈 또는 경색증으로 명시되지 않은 뇌졸중	I64
	11. 대뇌경색증을 유발하지 않은 뇌전동맥의 폐쇄 및 협착	I65
	12. 뇌경색증을 유발하지 않은 대뇌동맥의 폐쇄 및 협착	I66
	13. 기타 뇌혈관 질환	I67
	14. 달리 분류된 질환에서의 뇌혈관 장애	I68
	15. 뇌혈관 질환의 후유증	I69
	16. 파킨슨병	G20
	17. 이차성 파킨슨증	G21
	18. 달리 분류된 질환에서의 파킨슨증	G22
	19. 기저핵의 기타 퇴행성 질환	G23
	20. 중풍 후유증	G23.4
	21. 진전	G23.6

노인성 질환은 노화 현상이 원인이 되어 발병된 병으로 40세 이후부터 발생하며, 주로 65세 이상에서 많이 발생되는 질환이다.

노인성 질환에는 젊어서 생긴 질병이 지속된 경우(당뇨병, 관절염, 만성 폐 질환, 암, 만성 위염, 만성 간 질환 등)와 노화로 생기는 질병(노인성 난청, 노인성 백내장, 노인성 치매, 노인성 우울증, 노인성 골다공증, 노안, 노쇠 등)이 있다.

그중 치매는 사회적으로 큰 이슈가 되고 있다.
치매란, 후천적으로 발생해 지속되는 지적 능력의 장애로 일정한 증상의 기준을 만족할 때 붙이는 증후군 진단명이다. 다양한 치매 질환 중 가장 많은 비율을 차지하는 것은 알츠하이머와 혈관성 치매이지만 루이체, 전두측두엽 퇴행, 파킨슨의 퇴행성 뇌 질환들과 정상압 뇌수두증, 두부 외상, 뇌종양 등 매우 다양한 원인 질환에 의해 치매가 발생할 수 있다.

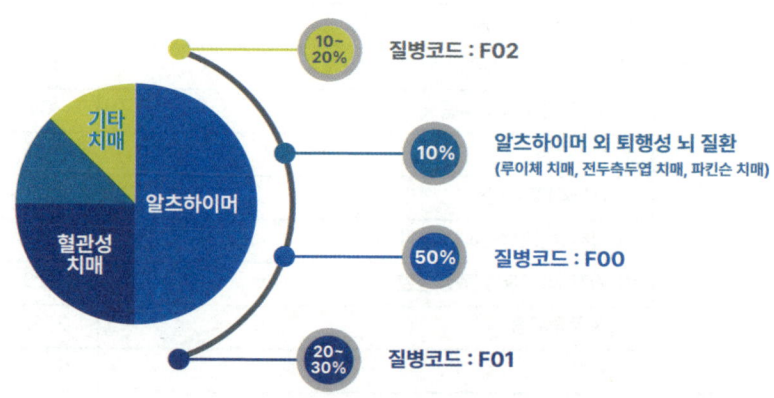

Lorem ipsum dolor sit

[출처 : 보건복지부]

보건복지부가 실시한 2022년 치매 유병률 조사 결과를 살펴보면, 65세 이상 노인의 치매 유병률은 10.38%로 환자 수는 93만 5천 명으로 추정되었다.

고령화 추세를 고려하면 **치매 유병률은 계속 상승**하여 환자 수도 2019년 약 79만 명에서 2050년에는 약 315만 명, 2070년에는 약 334만 명을 넘을 것으로 예상된다.

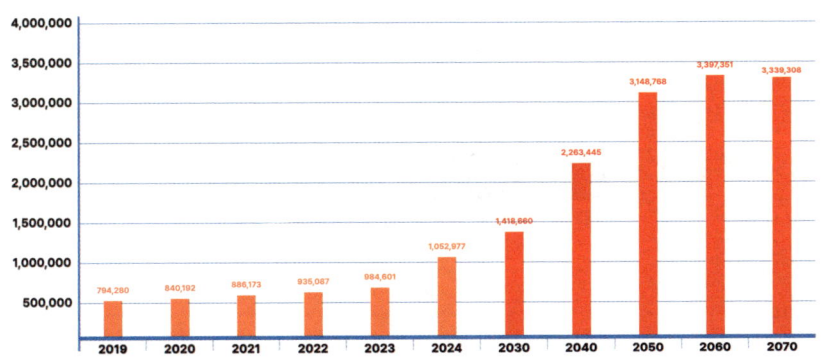

치매 환자 수 추이
[출처 : 중앙치매센터, 2023]

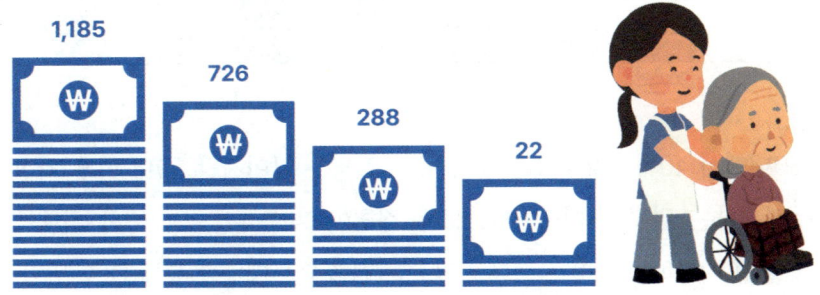

치매 환자 1인당 연간 관리 비용
[출처 : 중앙치매센터, 2023 / 단위 : 만 원]

- **직접의료비** : 치매 치료를 위한 비용으로 국민건강보험급여와 환자의 비급여 본인 부담금, 본인 부담 제비로 구성
- **직접비의료비** : 간병비, 교통비, 보조 물품 구입비(소모품 구입비, 장비 구입비, 가정 내 시설 개선비)와 환자와 보호자가 의료 기관을 방문함으로써 발생하는 시간 비용 포함
- **장기요양비용** : 장기요양급여(시설급여 및 재가급여)
- **간접비** : 조기 퇴직 등 치매로 인해 환자에게 발생하는 생산성 손실 비용

중앙치매센터의 통계를 살펴보면 치매 환자의 1인당 연간 관리 비용은 2022년 기준 총 2,220만 원이다. 이는 2016년 2,054만 원에 비해 6년 동안 약 8%나 증가한 것이다. 치매 관리 비용 또한 점차적으로 증가하는 것을 알 수 있다.

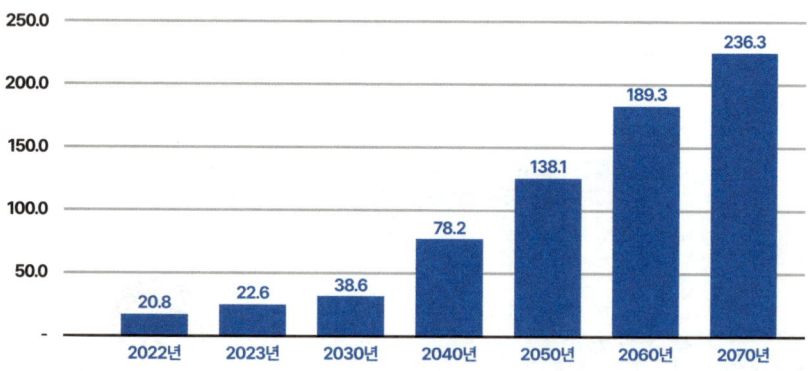

치매 관리 비용 증가 추이 전망
[출처 : 중앙치매센터, 2023 / 단위 : 조 원]

10대에서 40대까지 가장 두려워하는 질병은 암이지만 **50대 이후 가장 두려워하는 질환은 치매이다.** 모든 질병이 비슷하겠지만 특히 치매에 걸릴 경우 가족들이 많은 고통을 받는 사례를 언론매체를 통해 볼 수 있다.

08. 보장분석 : 입원

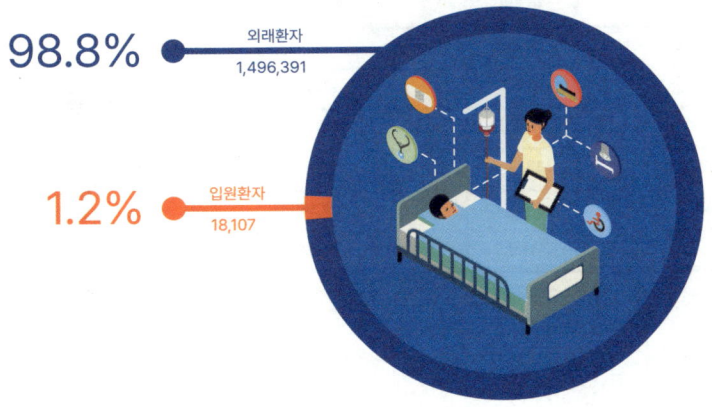

병원을 찾는 사람 중 **1.2% 정도가 입원**을 한다. 평균 입원 일수는 8일 전후이다.

급여 종류별로 입원 환자를 살펴보면 직장에서 사고로 인해 입원하는 경우(산재보험)가 **30.4일로 가장 높았으며**, 일상생활 중 사고로 입원하는 경우(건강보험, 의료보험)가 24.4일, 자동차 사고와 기타가 각각 12.6일, 16.7일인 것을 알 수 있다.

그런데 입원 환자 중 **저소득자의 평균 입원 일수가 일반인보다 3배 이상 높다**. 저소득자의 평균 연간 입원 일수는 4.36일이며, 일반인은 1.32일이다.

주요 암 수술 후 입원 일수
[출처 : 국민건강보험통계, 2020]

치료 내용	입원일	요양급여비용
주요 간 절제술	17일	1,307만 원
기타 간 절제술	14.6일	953만 원
위 전절제술	16.5일	1,041만 원
위아전절제술	15.7일	881만 원
결장 절제술	18.6일	1,127만 원
직장 절제술	19.2일	1,273만 원
주요 폐 수술	13.1일	1,296만 원
유방 절제술	9.6일	509만 원
주요 전립선 적출술	11일	620만 원

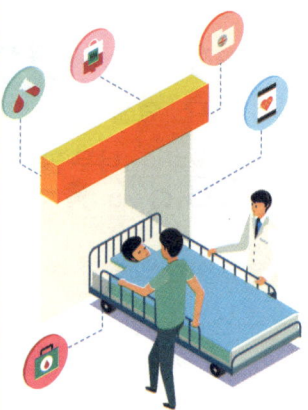

암 수술 후 입원일 수를 살펴보면 짧게는 일주일, 길게는 2주를 넘는 정도이지만 암 수술 관련 입원비는 적지 않은 편이다.

다빈도 입원 질환
[출처 : 공공누리, 2023]

질환	입원 진료 인원
U07의 응급사용	339,272명
노년 백내장	320,061명
상세불명 병원체의 폐렴	252,369명
감염성 및 상세불명 기원의 기타 위장염 및 결장염	243,775명
감염성 및 기생충성 질환에 대한 특수선별검사	238,261명
기타 추간판장애	218,431명
출산장소에 따른 생존출생	204,076명
치핵 및 항문주위정맥혈전증	143,039명
기타 및 원인미상의 열	133,701명
기타 척추병증	128,107명

다빈도 입원 질환 통계를 보면 'U07의 응급사용'이 가장 많으며, 다음으로 노년 백내장, 상세불명 병원체의 폐렴, 감염성 및 상세불명 기원의 기타 위장염 및 결장염 등의 순서로 많이 발생한다.

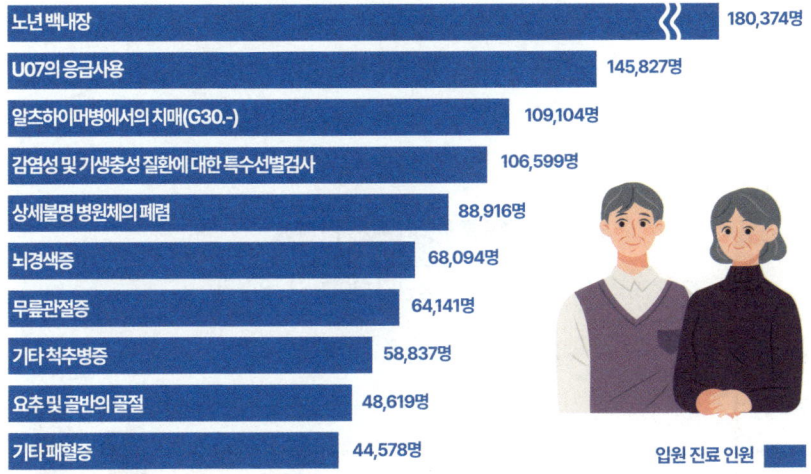

노인성 질환 입원 환자
[출처 : 건강보험심사평가원, 2023]

질환	입원 진료 인원
노년백내장	180,374명
U07의 응급사용	145,827명
알츠하이머병에서의 치매(G30.-)	109,104명
감염성 및 기생충성 질환에 대한 특수선별검사	106,599명
상세불명 병원체의 폐렴	88,916명
뇌경색증	68,094명
무릎관절증	64,141명
기타 척추병증	58,837명
요추 및 골반의 골절	48,619명
기타 패혈증	44,578명

65세 이상 노인의 다빈도 입원 질병은 노년 백내장, U07의 응급사용, 알츠하이머병에서의 치매 순으로 많았다.

현재 장기 입원의 경우, 의료 수가의 상승으로 전보다 높은 병원비 부담이 발생한다. 요양병원의 입원 원인에는 급성 질환이 많지만 만성 질환의 경우도 적지 않은 편이다. 급성 질환의 경우 대부분 가족들이 간병인 역할을 하지만, **만성 질환의 경우는 간병 기간이 길기 때문에 가족들이 간병하기 어렵다.** 그 때문에 만성 질환일 때는 '간병인 문제'가 추가로 발생한다. 현재 요양 시설 1인당 평균 입원 일수는 **700일 이상**으로, 이는 상당히 장기에 속한다.

09. 보장분석 : 수술

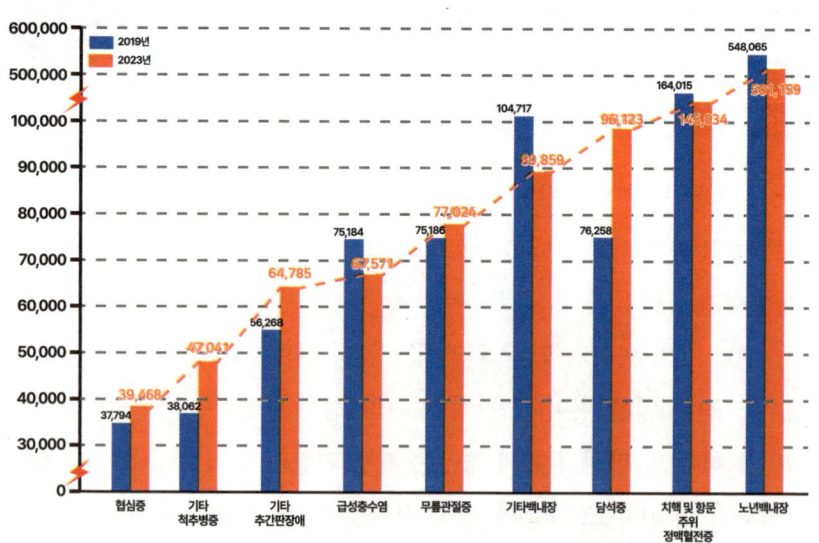

다빈도 수술 현황
[출처 : 국민건강보험공단, 2023 / 단위 : 건]

우리나라에서 가장 많이 행해지고 있는 수술은 백내장 수술이다.

60세 이후가 되면 시력이 급격하게 떨어지게 되므로 노령 인구 중 백내장 수술을 시행하는 확률이 높아지고 있다. 백내장 수술은 실비보험에서 보장받을 수 있다. 백내장에 이어 많이 행해지는 수술이 치핵 수술과 제왕절개 수술이다. 치핵 수술의 경우 2009년 8월 이후 가입한 표준화 실손 보험인 경우 보장받을 수 있으며, 제왕절개 수술은 실손보험에서 보장받지 못하고 생명보험의 수술비 보장 관련 보험인 경우 보장받을 수 있다.

진료비 추이를 살펴보면 **지속적으로 상승하는 추세**이다. 국민건강보험공단 자료에 의하면 관상동맥우회술과 심장 수술은 전년도 대비 각각 30%와 70%가 상승하였다.

환자 입장에서 수술 비용이 부담스러울 수밖에 없다.

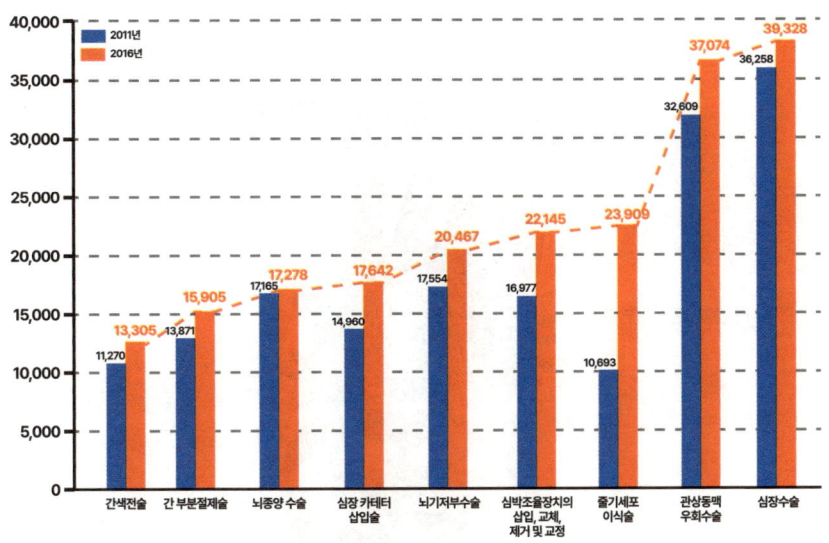

진료비 추이
[출처 : 국민건강보험, 2023]

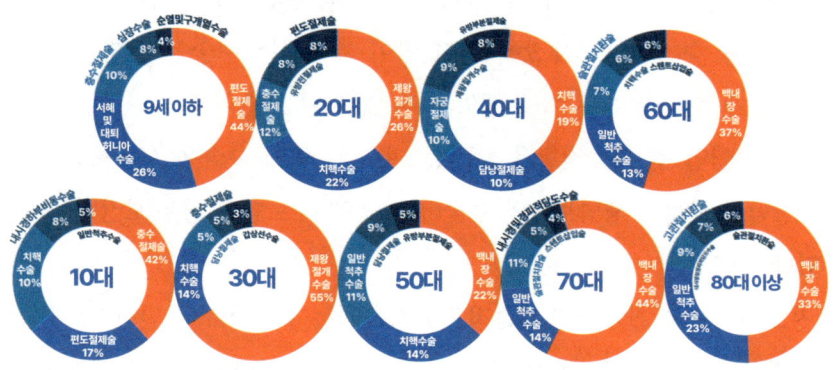

연령대별 수술 현황을 살펴보면 9세 이하에는 편도 절제술, 서혜 및 대퇴탈장 수술 등이 많았고, 10대에서는 충수 절제술(맹장 수술)과 편도절제술이 많으며, 20~30대에는 제왕절개술과 치핵 수술이 많고, 40대는 치핵 수술, 50대 이후로는 백내장 수술이 가장 많았다. 또 60대 이후에는 백내장 수술에 이어 일반 척추 수술이 많이 발생하는 것을 알 수 있다.

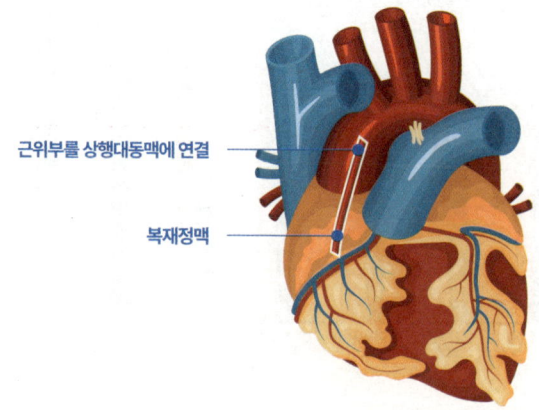

관상동맥우회로 이식술 또는 관상동맥우회술 등으로 불리는 이 수술법은 협심증으로 인한 흉통을 완화하고 관상동맥 질환으로 인한 사망을 예방하기 위한 수술이다. 동맥이나 정맥을 환자의 관상동맥과 우회 이식하여, 심근에 혈액을 공급하는 관상동맥 순환을 원활히 하는 수술로서 기계장치를 이용해 대부분 심박이 정지된 상태에서 수술하지만 현재에는 심장이 뛰고 있는 상태에서도 할 수 있는 오프 펌프 수술법이 있다.

스텐트 삽입술의 장점
- 대수술이 필요 없음
- 대부분의 환자는 전신 마취 불필요
- 큰 합병증이 흔하지 않음

혈관성형술과 마찬가지로 스텐트 삽입술은 관상동맥우회술(CABG)의 최소 침습적 대안이다. 따라서 CABG 수술보다 합병증 위험이 적다. CABG 수술보다 회복 기간도 훨씬 짧아 환자들은 일반적으로 수술 다음 날 퇴원할 수 있으며, 스텐트 삽입술을 한 환자의 대부분이 빠른 속도로 정상적인 활동을 할 수 있다.

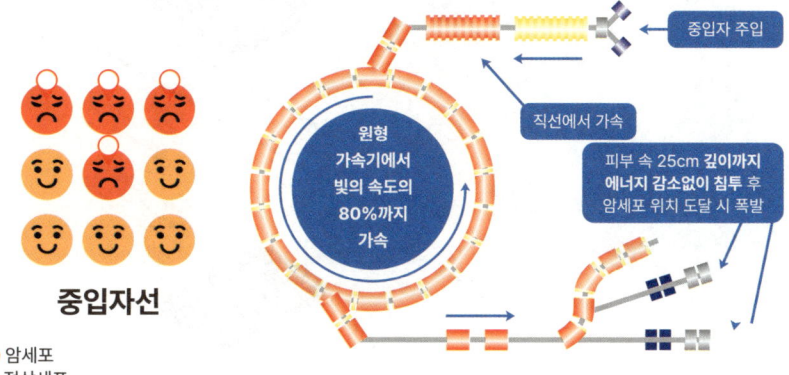

중입자선 암치료는 중입자 가속기를 이용해 탄소 이온을 빛 속도의 80%까지 끌어올려 암조직을 살상하는 원리이다. 중입자는 원자핵을 구성하고 있는 소립자를 뜻하며 치료용 중입자는 탄소, 네온, 아르곤 등이 있지만 암치료는 암세포 살상 능력이 가장 뛰어난 탄소 중입자를 사용한다. 중입자 암 치료는 초당 10억 개의 원자핵이 암세포에 도달해 암세포의 DNA를 완전히 파괴하는 것이다. 중입자의 암세포 파괴 능력은 X선의 12배, 양성자의 3배에 달한다. 중입자 치료는 0.1mm까지 정밀조사가 가능해 정상세포에 영향을 주지 않고 암 부위만 공격해 부작용이 거의 없다. 전 세계 10대 뿐인 '중입자 치료기'는 2022년 국내에 도입된다고 한다.

- **치료 횟수 :** 최소 1회~최대 12회 (폐암 초기 최초 1회 시술로 완전 제거 가능)
- **치료 기간 :** 최소 1일~최대 3주
- **치료 비용 :** 5,000만~1억 5,000만 원

중입자 가속기 치료

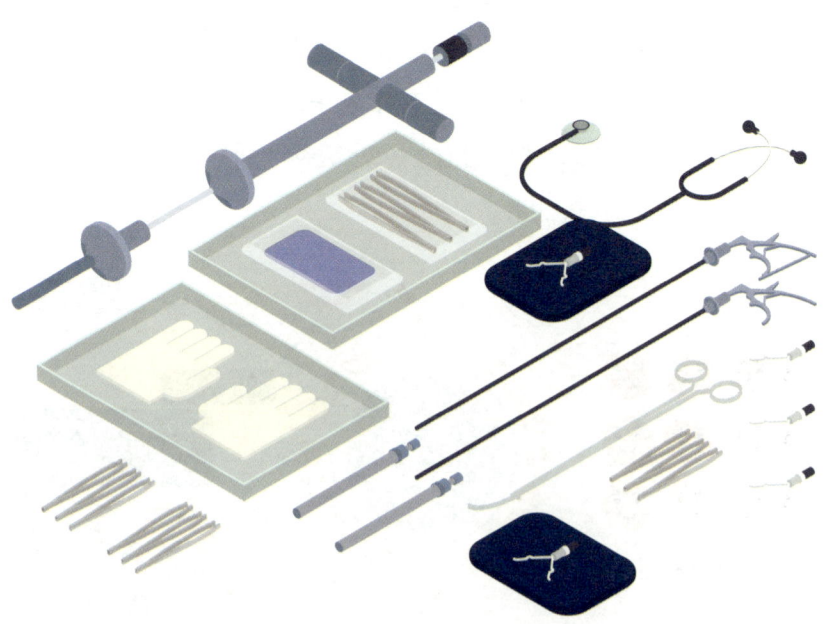

10. 보장분석
: 장수와 노인 진료비

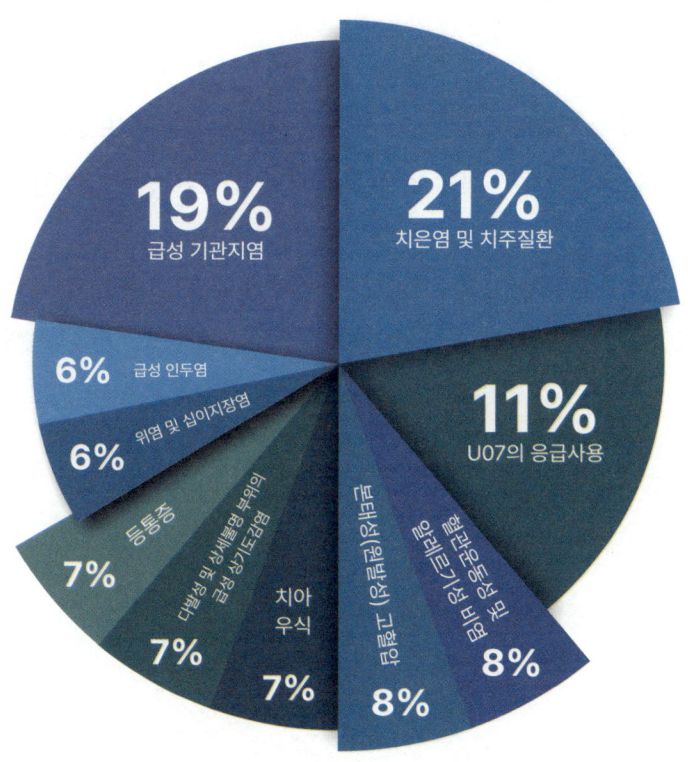

우리는 일 년에 몇 번 병원에 갈까?

　사람마다 차이가 있겠지만 일 년에 한 번 이상은 병원에서 진료를 받곤 한다. 건강보험심사평가원의 2023년 다빈도 외래 질병률을 살펴보면 외래 **진료 1위는 치은염 및 치주질환**이며, 2위는 급성 기관지염, 3위는 U07의 응급사용, 4위는 혈관운동성 및 알레르기성 비염이다. 건강보험심사평가원의 2022년도 자료를 살펴보면 한 해 병원 진료비로 116조 원이 들었다. 이는 건강보험 가입자 1인당 연평균 진료비로 보면 200만 원인 것이므로 **전년 대비 9%가 증가한 수치인 것이다.**

　진료비가 증가한 것보다 심각한 것은 전체 진료비에서 **노인 진료비의 비율이 점점 증가한다는 것**이다. 건강보험심사평가원의 '노인 진료비 통계'를 살펴보면 **2023년 전체 인구 진료비 중 노인진료비가 45.7%나 차지했다.**
　65세 이상 진료비는 매년 20~30%씩 상승하여 현재는 28조 수준이며, 향후 2050년에는 280조까지 상승할 것으로 전망하고 있다. 현재 우리나라는 노인 인구가 20%를 넘어서는 초고령 사회라고 하니 의료비 문제가 예삿일이 아니다.

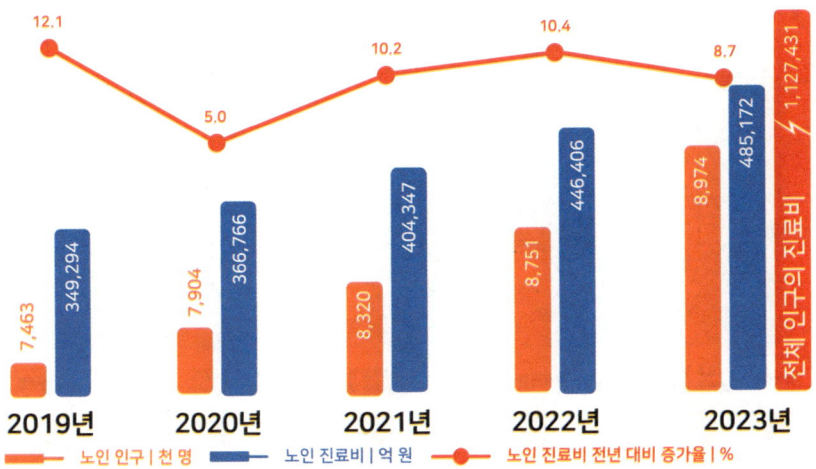

한 해 노인 진료비는 약 582만 원 수준으로 결코 적지 않은 금액이다.

노인 진료비

[출처 : 국민건강보험공단, 2023]

적용 인구 (명)	전체	5,168만 5,000
	65세이상	897만 4,000
	비율(%)	20.3%
진료비 (억 원)	전체	112조 7,431
	65세이상	48조 5,172
	비율(%)	45.7%
1인당 월평균 진료비 (원)	전체	18만 2,599
	65세이상	48만 5,086

1인당 진료비
219만 원

65세 이상 진료비
582만 원
연평균 건강보험 진료비

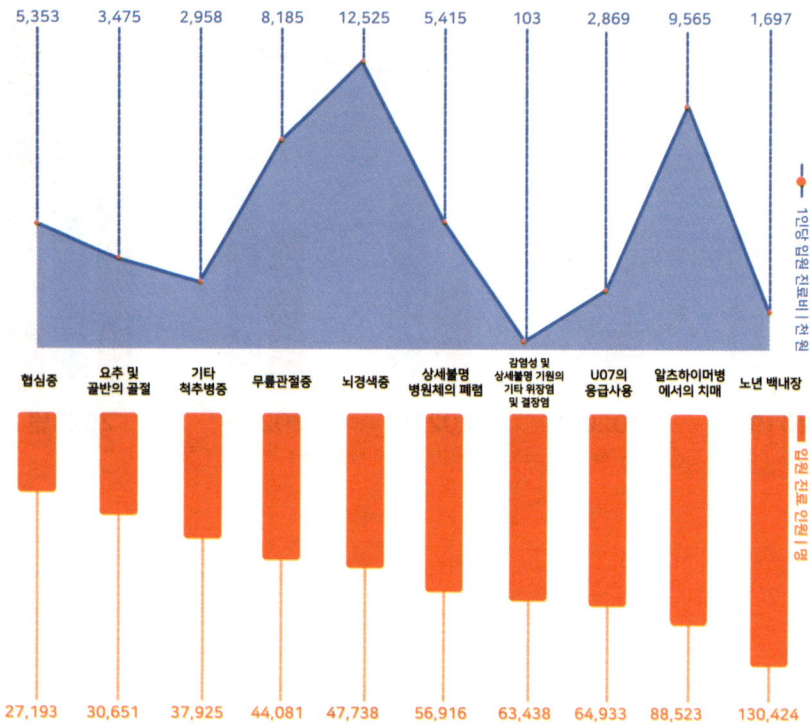

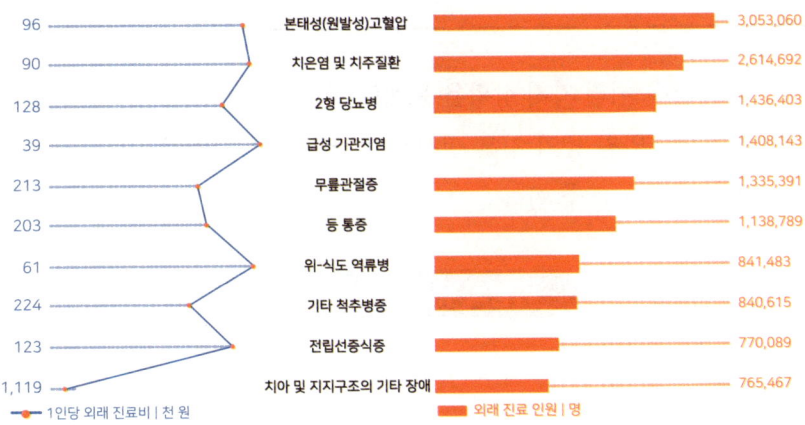

건강보험심사평가원의 '2023 상반기 건강보험 진료비통계지표' 통계를 살펴보면 다빈도 입원 질병의 경우 1위는 '노년 백내장'이며 그다음으로 알츠하이머형 치매, U07의 응급사용, 감염성 및 상세불명 기원의 기타 위장염 및 결장염, 상세불명 병원체의 폐렴, 뇌경색증, 무릎관절증 순이었다.

특히 뇌경색증의 경우 진료비가 상당히 많이 발생하여 부담을 줄 수 있다. 다빈도 외래 질병의 경우 1위는 '본태성(원발성) 고혈압'이며 그다음으로 치은염 및 치주질환, 2형 당뇨병, 급성 기관지염, 무릎관절증, 등 통증, 위-식도 역류병, 기타 척추병증 순으로 집계되었으며 급성 기관지염 환자가 가장 큰 폭으로 상승하고 있다.

고혈압, 당뇨는 만성 질환으로 꾸준히 관리해야 하며, 약물로 치료하면 되지만 치아 및 지지구조의 기타 장애의 경우 상당히 많은 비용이 발생하는 것으로 나타났다.

11. 보장분석
: 셀프 보장분석

지금까지 배운 여러 가지 상황을 통계로 살펴보면 사망이나 주요 질병의 진단 및 수술, 입원 등의 경우 정신적인 고통은 물론 경제적인 어려움이 발생한다는 것을 알 수 있다.

위험의 유형과 대응 방법

- 사활의 문제 → 회피
- 일상적 문제 → 통제
- 예상 밖의 문제 → 전가(보험)
- 번잡한 장애 → 보유

(세로축: 손실의 확률 - 빈도 / 가로축: 손실의 강도)

위험 확률과 위험 금액(크기)으로 위험 관리를 구분하는 방법이 있다.

확률이 낮고 위험 금액도 낮은 경우(위험 보유)는 크게 신경 쓰지 않아도 되지만, 확률이 높고 위험 금액 또한 높은 경우(위험 회피)는 무조건 회피해야 한다.

그런데 확률은 낮지만 위험 금액이 큰 경우는 위험을 이전해야 하는데,

이것의 한 방법이 보험인 것이다. 보험은 평소 우리가 십시일반 자금을 모았다가 우리 중 누군가에게 불행이 닥치면 **경제적으로나마 도움을 주자는 일종의 '품앗이'**이다.

따라서 보험을 활용하여 효과적으로 위험을 관리하는 것이 중요하다.

보장설계는 우리가 일상생활 중 겪을 수 있는
여러 질병 및 사고를 대비하는 것이다.

보통 주요 질병에 걸릴 경우 많은 병원비는 물론 생업을 할 수 없기 때문에 발생하는 휴업 손해가 발생하게 되며 자칫 잘못하면 후유장해(치료 후에도 질병이 완치되지 못하거나, 이전과 같은 노동력을 사용할 수 없는 상태)가 발생할 수 있다. 이런 내용들을 고려하여 보험금을 설계하는 것이 중요하다.

재무적 영향에 따른 위험

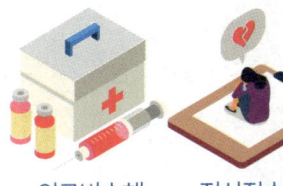

의료비손해
상해 또는 질병으로 인하여 병원의 치료를 받음에 따라 소요되는 각종 비용

정신적손해
치료받거나 이로 인해 사망이나 후유장애를 입었을 경우 본인이나 가족이 심리적 또는 정신적 고통

후유장애손해
더 이상 치료의 효과를 기대할 수 없는 상태에서 피해자에게 남아 있는 신체의 결손이나 기능 감소

사망손해
사망 시 상실수익액, 유족의 정신적 피해에 따른 위자료와 사망에 따른 직접적 비용인 장례비

휴업손해
상해 또는 질병을 치료하는 동안 일을 못함에 따라 수입이 감소한 부분의 손해

위험 관리 규모는 개인뿐만 아니라 **가족 및 사업장의 니즈를 같이 고려**해야 한다.

예를 들어, 자녀 2명이 있는 개인사업자 40대 가장이 뇌혈관 질환으로 더 이상 정상적인 생활이 불가할 경우, 당장 생활비와 자녀 교육비, 대출금 등 가정적 자금 문제 이외에도 사업장 운영의 어려움이 발생할 수 있으므로 관련 내용을 포함하여야 한다.

위험 측정 시 고려사항

개인 니즈
- 부채 상환 종료 전 사망
- 배우자 연금 수령 기간 이후 생존
- 은퇴 수입 지급 책임자 조기 사망
- 개인적 목표

가족 니즈
- 최후 비용
- 부양가족의 수입
- 교육과 결혼 및 조정 자금
- 가족 및 부모의 목표

사업 니즈
- 동업자의 사망
- 핵심 종업원의 사망
- 핵심 종업원의 이직
- 특별한 상황

상속 니즈
- 상속 재산
- 상속세 재원

미래를 위한 우산

보험은 비 오기 전에 준비하는 우산과도 같다.

지금은 비가 오지 않더라도 장마철을 대비해 미리 우산을 준비하여야 한다. **장마철에 연평균 강수량 40% 이상의 비가 쏟아진다.** 그런데 미리 준비한 우산이 구멍이 나 있어 정작 비가 왔을 때 내리는 비가 다 샌다면 너무 속상하지 않겠는가? 인생에는 여러 가지 위험이 있다. **질병, 재해뿐만 아니라 조기 사망 위험, 배상책임 위험** 등 다양한 위험을 막기 위해 어떤 내용으로 준비해야 하는 지 알고 있어야 한다.

연도별 노인 진료비

[출처 : 국민건강보험공단, 2023]

건강보험공단에서 발표한 '2023 건강보험 통계연보'에 따르면 **2023년 65세 이상 노인 인구는 8,974천 명**으로 전체 대상자의 **20.3%**를 차지한다.

노인 인구 증가는 노인 진료비 증가로 이어져 **2023년 노인 진료비는 48조 5,172억 원**으로 전체 진료비(112조 7,431억 원) 대비 45.7%를 차지하고 있다. 즉, 노인은 인구 대비 진료비가 높다는 것이다. 그래프를 보면 전년 대비 **노인 진료비는 평균 8.7% 정도로 꾸준히 상승**하는 것을 볼 수 있다.

우리는 앞선 통계자료를 통해 재무적 리스크를 주는 질병 및 사고를 다음과 같이 구분할 수 있다. 재무적 위험 크기 및 중요도에 따라 **사망, 주요 질병 진단, 수술, 입원, 기타**로 보장설계해야 한다.

보장분석 : 셀프 보장분석

저축

1. 재무설계(이론편)
2. 재무설계(사례편)
3. 재무설계 법칙
4. 똑똑하게 저축하기
5. 가계부 작성 요령
6. 금융상품의 이해
7. 인생 5대 자금과 통계
8. 자녀교육자금
9. 은퇴자금 준비하기
10. 재무계산기 활용

1장 재무설계(이론편)

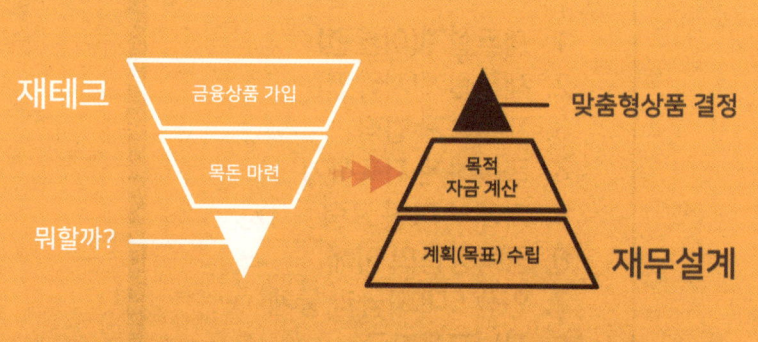

재무설계는 재테크와 비슷한 의미로 사용되지만 사실 조금 더 포괄적인 의미를 내포하고 있다. 재테크는 금융상품 선택 자금 운용의 주요 목적이며, 재무 목적이 불분명하여 자금의 사용도가 정해지지 않은 형태이다. 하지만 재무설계는 재무 목표를 먼저 설립하여 필요한 자금을 계산하고 최종적으로 본인에게 맞는 맞춤형 상품을 선택하는 형태를 의미한다.

 재무설계는 금융 선진국이라 할 수 있는 미국에서 우리나라로 유입된 재무적인 내용으로 미국에서는 대부분 재무설계사를 통해 자산관리를 하고 있다. 특정한 금융기관의 금융상품을 관리받는 것이 아니라 은행, 증권, 보험 회사 상품을 종합적으로 관리받으면서 본인의 재무 목적을 달성하고 있다.

재무설계와 재무 목적

 재무목표 설정은 매우 중요하다. 1968년 예일대 학생을 대상으로 인생의 목표가 있는지 파악했는데 '100명 중 5명이 정확한 인생의 목표가 있다고 응답했고, **35년 후 그들의 생활을 비교해보니 정확한 재무 목적이 있는 5명이 나머지 사람들의 재산을 모두 더한 것보다 많았다.**'라고 한다. 인생의 재무 목적이 있는지 여부는 향후 얼마나 그 사람이 부유하게 살 수 있는지를 정하는 초석이라고 할 수 있다.

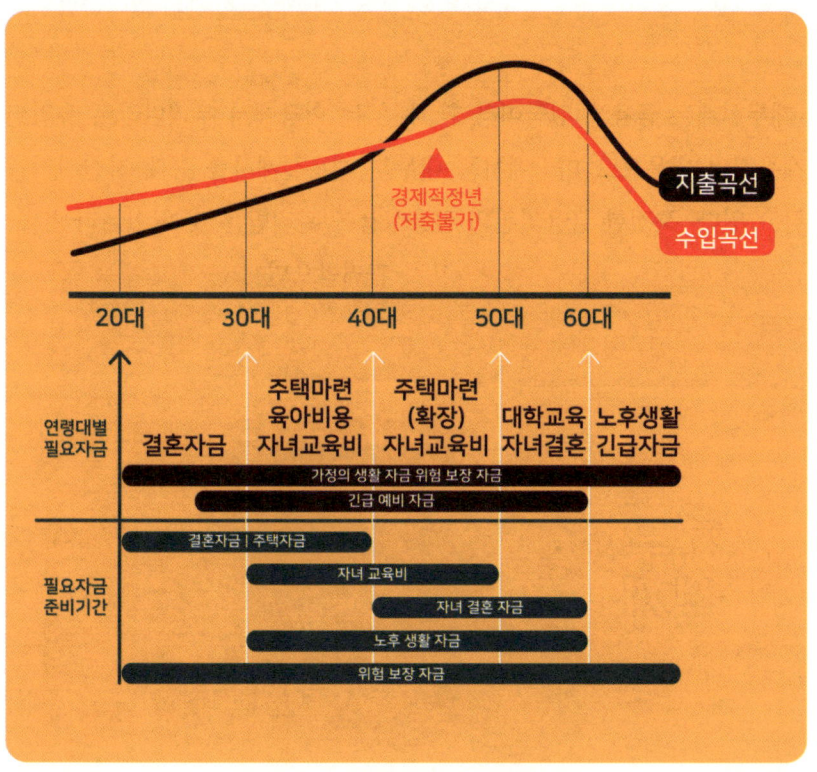

Life Cycle과 수요곡선

인생을 살아가면서 필요한 자금들이 있다. 대표적으로 20, 30대에는 결혼자금, 결혼 후에는 주택 마련과 자녀양육 비용, 40대에는 주택확장 및 자녀교육 비용, 50대 이후에는 자녀결혼 및 본인 노후생활 비용이 필요하다. 이런 필수 자금을 계획 없이 준비하면 자금 문제로 낭패를 볼 수 있다.

따라서 계획적인 재무 목표 설정과
그에 따른 계획이 꼭 필요하다.

 재무목표를 세웠으면 저축에 앞서 본인의 생활비가 얼마나 되는지 파악해야 한다. 저축을 하기 어려운 이유 중 하나가 자신의 소득에서 일정한 소비를 하고, 남는 금액으로 저축을 하려 하기 때문이다. 이 경우 돈이 부족할 수밖에 없다. 추천하는 저축 방법은 본인이 정한 저축 금액을 빼고 남는 금액으로 소비를 하는 것이다. 따라서 한 달에 얼마만큼 지출이 발생하면 본인에게 적절한지, 지출 비율을 정해야 한다.

생활비 통제

상황에 따라 다를 수 있지만
소득의 30~50% 정도를 고정지출로 잡는 것을 권장하고 있다.

**생활비 통제를 잘하기 위해서는
통장 쪼개기를 하면 효과적이다.**

급여를 받으면 한 달에 필요한 자금을 정해 생활비 통장으로 이체하고 나머지는 저축통장에 저축을 한다. 혹여나 생각지 못한 자금 지출이 발생할 경우 비상예비 자금에서 인출해서 쓰면 생활비 통제와 함께 일정한 저축을 할 수 있다. 저축하기 전 비상 예비 자금 마련이 우선적으로 이루어져야 하는데, 비상 예비 자금은 생활비의 **3개월에서 6개월 정도**를 축적해 놓아야 한다.

월급통장
월급이 들어오는 통장, 각종 공과금, 보험료, 대출금 등 고정 지출이 이뤄지는 통장, 주거래 은행의 통장

소비
생필품, 외식비, 의류비 등 변동 지출을 위한 통장, 체크카드 활용

투자
투자자금을 모아두는 통장 적금이나 펀드를 가입할 경우 투자통장에서 이체

비상금
비상시를 위한 통장, 월급의 3~6배가 적절 CMA, MMF 등을 활용

통장 쪼개기

예상치 못한 큰 비용이 발생하면 저축하기가 힘들 수 있다.
비상예비 자금으로 예상치 못한 자금 유출에 대비했지만 불의의 사고나 질병으로 일을 하지 못하는 경우 단기간이 아닌 장기간 자금 유입이 끊어질 수 있다.

이런 경우를 대비할 수 있는 상품이 보험인데 **보험상품 가입을 잘하는 것도 저축을 잘하는 방법 중 하나이다.** 보험료는 **생활비의 15%**를 넘지 않는 수준을 유지하며, 생명보험과 손해보험의 **장단점을 잘 파악하여 최소한의 비용으로 최대한의 보장**을 받을 수 있게 준비하는 것이 중요하다.

	BAD	NORMAL	GOOD
보험료	증가	고정	고정
보장	고정	고정	증가

좋은 보험 고르기

보장성 보험 가입 방법

보험 종류	사망 일반|재해|교통	진단 암|뇌졸중|심근경색	수술 암|질병|재해	입원 암|질병|재해	통원 긴급|골절|화상
생명 보험	○		○		○
손해 보험		○		○	

* 보험사 및 보험상품별 차이가 있을 수 있습니다.

보장성 보험 가입

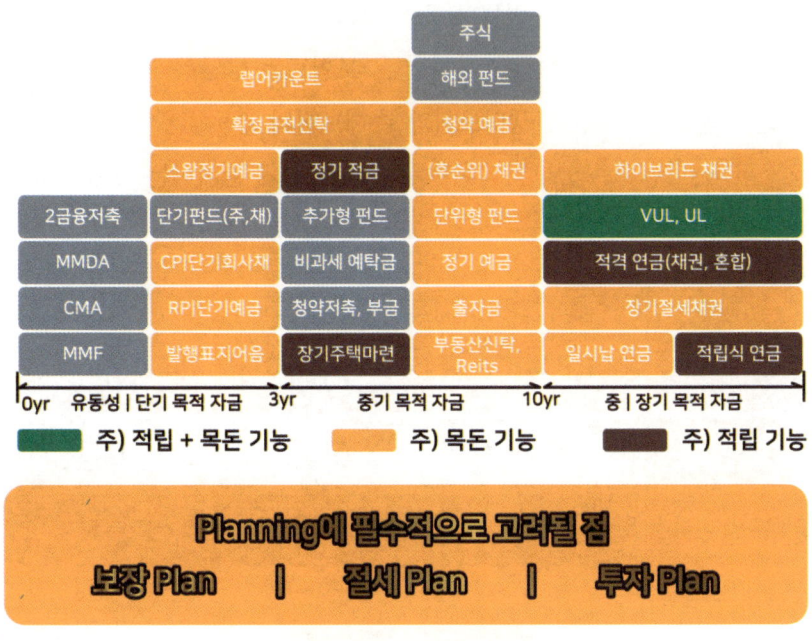

재무목표를 세우고 생활비 통제와 효과적인 저축 방법을 배웠으면 마지막으로 해야 하는 것이 좋은 금융상품을 선택하는 것이다. 금융상품은 재무 목적과 기간에 따라 효과적으로 저축할 수 있는 금융상품이 있다.

단기저축은 비상예비자금과 여행 등 3년 이내 사용할 자금을 저축하는 것인데 적절한 금융상품은 CMA와 은행 및 제2금융권 예적금을 들 수 있다.

중기저축은 3년 이상 10년 미만 자금으로 다양한 금융상품이 있지만 대개 수익성을 추구하는 상품이다. 수익성을 추구하는 상품 중 대표적인 것이 펀드인데 펀드상품을 고를 때는 **적립식투자와 분산투자, 장기투자, 분할투자, 간접투자를 활용**하면 성공적인 투자 결과를 얻을 수 있다.

장기저축상품은 10년 이상 목적 자금을 만들기 위해 선택하는 금융상품으로써 주로 보험사 상품이 많은 편이다. 이는 10년 이상 저축할 경우 **복리 효과와 더불어 비과세 혜택**을 볼 수 있는 상품 중 보험상품이 효과적이기 때문이다.

보험상품도 변액연금 및 변액유니버셜, 연금저축 등 다양한 상품이 있으니 상품에 대해서 정확하게 이해하고 본인에게 맞는 금융상품을 선택하는 것이 바람직하겠다.

2장 재무설계(사례편)

실제 재무설계 사례를 통해
재무설계 프로세스를 알아보자.

한 가정의 재무설계를 진행할 때 그 가정의 재무 상태를 파악하기 전 재무목표가 있는지 먼저 확인해야 한다. 자산관리사는 고객이 왜 재무설계를 받고 싶은지, 재무설계를 통해 어떤 재무 목표를 이루고 싶은지를 파악해야 하는 것이다. 그리고 나서 확인해야 하는 내용은 그 **가정의 재무상태와 현금흐름**이다.

재무상태표를 통해 **현재 시점의 부채, 순자산(자본), 자산(부채+자본)**을 파악할 수 있다. 현재 부채비율이 적절한지, 비상예비 자금이 모여 있는지, 전체 자산규모가 소득 기간 및 금액 대비 적절한지, 부동산과 금융자산 비율이 적절한지 파악한다.

부채비율은 전체 자산의 40%를 넘지 않는 것이 중요하며, **비상예비자금**으로 **생활비의 3개월 이상 금액이 준비**되어야 한다.

한 가정의 재무 목표 예시

현금흐름을 파악할 때 지출 항목을 단순화해서 표시하는 것이 좋다. 예를 들어 식대 및 생활용품 구입 등은 생활비 항목으로 표시하고 전기세, 통신료 등은 공과금 항목으로 표시해서 전반적인 현금흐름을 파악을 해야 한다. 너무 자세히 표시하면 현금흐름 관리의 문제점을 파악하기가 어려울 수 있다. 현금흐름은 크게 고정지출과 변동지출로 나눌 수 있다. 현금흐름을 파악하면 새는 돈이 파악이 되는데, 새는 돈은 변동지출 중 계획없이 소비되는 자금이다. 새는 돈을 파악하여 저축할 수 있도록 해야 한다.

지 출		변경전비율
생활비	3,000,000	
통신비		
월세/공과금/관리비	150,000	
교통/차량유지비	200,000	
대출이자	65,000	
부모용돈/경조활동	500,000	
생활비합계	3,915,000	71.18%
생명보험보장성	150,000	
화재보험보장성	350,000	
보장성보험합계	500,000	9.09%
은행/적금	300,000	
증권회사/주식형펀드		
단기중기저축합계	300,000	5.45%
보험/장기저축		
1,2금융권장기저축		
장기저축합계	-	0.00%
현금흐름오차	785,000	14.27%
지출합계	4,715,000	

새는 돈	생활비 비율
14%	71%
미확인 지출/총 소득	생활비/총 소득
적정 5% 이하	적정 50% 이하
저축비율	보험료 부담율
5%	9%
은행, 펀드, 보장, 저축/총 소득	보장성 보험/총 소득
적정 30% 이상	적정 15% 이하
중단기저축률	장기(은퇴)저축률
0%	0%
은행펀드/총 소득	장기저축/총 소득
적정 20% 이상	적정 10% 이상

새는 돈 (목적 없이 사용되는 자금)이 매우 많고 생활비도 매우 많은 편으로 저축이 거의 되지 않는 상황, 보험료는 적당하나 보장내용을 구체적으로 살펴봐야 하며 은퇴준비 및 투자 자산 준비를 거의 못 하고 있는 상황

변경 전 현금 흐름

전체 생활비 비중은 각 가정마다 차이가 있지만 사회 초년기에는 30~40%가 적절하며 적정 생활비 규모는 50%이지만 최대 60%를 넘지 않게 해야 한다.

보장성보험은 15%를 넘지 않는 것이 좋으며, 저축 비율은 높을수록 좋지만 생활비와 보장성보험 비율을 감안할 때 최소 20~30%는 저축할 수 있도록 해야 한다.

그중 단기, 중기, 장기 저축 비율은 얼마인지 파악해야 하는데, 이를 파악하기 위해서는 재무 목표가 설정되어 있어야 하며, 자산관리사는 필수 5

대 자산 마련을 위해 올바른 재무 플랜과 솔루션을 동시에 제공해야 한다.

 재무설계 시 보장설계는 한 가정의 아주 중요한 부분이기 때문에 잘 설계해야 한다. 현재 가입되어 있는 보험의 보험료, 보험기간, 보장내용을 살펴봐야 한다. 너무 많은 보험료 불입이 있다면 보험료를 줄여주는 것도 좋은 솔루션이 될 수 있으며, 100세 시대인 점을 고려해서 만기가 짧거나 갱신형 상품으로 향후 보험료가 크게 상승할 가능성이 있는 상품은 변경해 주는 것도 좋을 것이다.

상품명	계약일	보장기한	납입기한	월보험료	총보험료	기납입보험료	잔여보험료	비 고
H사 유니버셜보험	2006.04.17	80세	80세	145,950				
H사 건강보험	2009.05.28	100세	20년	55,860				실비(종합) 1억 50만
합 계				201,810				

상품명	사망		3대중증진단비			수술	입원	골절/화상
	질병	재해	암	뇌혈관	심장질환			
H사 유니버셜보험	1,000	4,000	3,000			50/100/200 암 400	질병 5 (3일 초과) 재해 3 (3일 초과) 암 20 (3일 초과)	골절 30
H사 건강보험	500 (80세만기)	2,000	뇌졸중 1,000		1,000	골절/화상 100	2	골절/화상 20
합 계	1,500	6,000	3,000	뇌졸중 1,000	1,000	50/100/200 암 400 골절/화상 100	질병 7 (3일초과) 화재 5 (3일초과) 암 27 (3일초과)	골절 50 화상 20

문제점

01. 만기가 80세인 것
02. 전체적인 보장금액 부족
03. 1~3종 수술비 혜택이 있지만 주요 질병 및 사망보장금이 부족

가장의 보장분석표

보장설계가 마무리되면 고객의 재무목표가 재무상태와 현금흐름에 부합하는지, 필수 5대 자산 준비에 부합하는지 검토해야 한다. 만약 고객이 부채가 아주 많은데 투자자산을 설정하겠다고 하면 재무목표가 적절하지 못할 수 있다. 또한 긴급예비 자금 준비가 되어 있지 않은데 은퇴자산을 먼저 준비하겠다 해도 재무적인 문제가 발생할 수 있다.

따라서 필수 5대 자산 준비와 재무목표를 감안하여
올바른 재무목표를 설정할 수 있도록 안내받아야 한다.

우선순위	재무목표	필요자금	보유자금	남은시간	매월적립금	예상수익률
1	비상예비자금	5,000,000		1년	400,000	3%
2	대출금상환	12,000,000	9,600,000	1년	200,000	
3	사업자금	100,000,000	50,000,000	5년	700,000	5%
4	노후자금	매월 100만 원		25년	800,000 (300,000)	7%

01. 비상예비자금을 우선적으로 준비

02. 재무목표는 대출금 상환. 향후 받을 돈 840만 원과 현재보유 금액 120만 원을 합쳐 1년간 20만 원씩 저축하면 1,200만 원 상환이 가능함

03. 사업 자금 마련을 위해 중장기 금융상품(펀드 등)을 활용하여 사업자금을 5년간 준비하면 5천만 원 자금이 준비됨

04. 노후자금은 우선 30만 원으로 시작하지만 대출금 및 비상예비자금이 마련되면 필요한 80만 원 운용할 수 있음

이렇게 재무설계 진행하면 예전보다 훨씬 더 나은 현금흐름을 가져갈 수 있다. 하지만 너무 무리한 재무 조정은 오히려 불신과 재무 실패를 낳을 수 있으니 유념해야 한다. 운동을 하더라도 어느 정도 근육이 붙어야 하는 것처럼 저축에도 근육이 붙어야 하기 때문에 처음에는 해당 가정에서 저

축 할 수 있는 재무설계 흡수력을 파악하여 **적절한 재무 플랜을 제시하고 향후 재무 플랜을 업그레이드하는 방식**으로 접근해야 한다.

지출		변경전비율			새는 돈	생활비 비율
생활비	2,500,000		근로소득(본인)		14% ▶ 0%	71% ▶ 62%
통신비			근로소득(배우자)		미확인 지출/총소득	생활비/총 소득
월세/공과금/관리비	150,000		사업소득		적정 5% 이하	적정 50% 이하
교통/차량유지비	200,000		임대소득			
대출이자	65,000		연금소득			
부모용돈/종교활동	500,000		금융소득		저축비율	보험료 부담율
생활비합계	3,415,000	62.09%			5% ▶ 29%	9% ▶ 8%
생명보험보장성	200,000				은행, 펀드, 보장, 저축/총소득	보장성 보험/총 소득
화재보험보장성	250,000				적정 30% 이상	적정 15% 이하
보장성보험합계	450,000	8.18%				
은행/적금	600,000					
증권회사/주식형펀드	700,000				중단기저축률	장기(은퇴)저축률
단기증기저축합계	1,300,000	23.64%			0% ▶ 13%	0% ▶ 5%
보험/장기저축	300,000					
1,2금융권장기저축					은행, 펀드/총 소득	장기저축/총 소득
장기저축합계	300,000	5.45%			적정 20% 이상	적정 10% 이상
현금흐름오차	35,000	0.64%				
지출합계	5,465,000		수입합계			

변경 후 현금 흐름

3장 재무설계 법칙

앞서 재무설계의 필요성을 이야기하였다면 이번 파트에선 재무설계 법칙을 알려주겠다. **10가지의 재무설계 법칙**을 통해 쉽게 익혀보도록 하자.

$$\text{원금이 두 배가 되기까지 걸리는 시간(연수)} = \frac{72}{\text{수익률(\%)}}$$

72 법칙

72법칙이란, **72를 연간 복리수익률로 나누면 원금이 두 배가 되는 기간과 같아진다는 법칙**이다. 과학자 알베르트 아인슈타인은 '복리야말로 인간의 가장 위대한 발명'이라고 하면서, 원금을 두 배로 불리는 기간을 복리로 계산하는 산식을 발표하였다.

$$\text{부자지수} = \frac{\text{순자산} \times 10}{\text{나이} \times \text{연간 총 소득}}$$

부자지수법칙(부자 방정식)

부자지수법칙이란, 개인의 나이, 자산, 부채, 소득, 지출의 상관관계를 개인의 경제적 위치와 재정관리의 효율성을 진단하는 지수로 활용하여 **부자가 될 가능성을 지수화한 법칙**이다.

$$100 - \text{소비} = \text{저축} \neq 100 - \text{저축} = \text{소비}$$

저축의 법칙

저축의 법칙이란, 소비한 돈으로 저축하는 금액과 저축하고 남은 돈을 소비한 금액은 단순 방정식으로 생각해 보면 같아야 하지만 금액의 차이가 발생한다는 내용으로 **저축을 먼저 계획하고 나머지 금액을 소비해야 한다는** 저축 이론이다.

투자자산비중 100 - 자산나이

투자 방정식

투자 방정식이란, 자신의 자산에 얼마를 투자할지 결정하는 지수로 부동산, 주식, 채권 및 금융 상품에 투자하는 비중을 간단하게 적용하는 투자 공식이다.

종목선정기준 = 대장주 매매

손수건 이론

손수건 이론이란, 파레토 법칙과 같은 이름으로 '수식의 80%는 상위 20% 종목에서 나온다'라는 법칙이다. 손수건 정중앙을 잡아당기면 가운데는 많이 올라가는데 가장자리는 조금밖에 오르지 않는 모습을 보인다.

-50% 손실 +100% 수익 = +100% 수익 -50% 손실
= 원금   = 원금

-50 = 100의 법칙

 -50 = 100의 법칙이란, **투자에 있어 더하기와 빼기 개념을 달리해야 한다는 뜻이다.** 즉, 수익보다 손실 관리를 주의해야 된다는 내용을 담고 있다. 50% 손실이 났을 경우 원금을 회복하려면 100% 수익이 발생해야 하고, 100% 수익이 났더라도 50% 손실이 나면 원금이 된다.

90%   90%   90%   90%
      81%   73%   65%

잦은투자 = 성공할 확률 ↓

투자의 확률의 함정

 투자의 확률의 함정이란, 투자자들이 투자를 할 때 연속해서 성공할 확률은 제일 처음 계산했던 성공 확률보다 낮다는 이론이다. **투자를 반복할수록 연속 성공 확률은 지속적으로 떨어진다.**

하이리스크 하이리턴 법칙

　투자를 할 때 목표수익률이 높은 사람들이 있다고 가정했을 때, 그 사람에게 그만큼 목표수익률에 대비한 리스크를 안고 투자하는지 물어보면 리스크는 크게 고민하지 않고 있는 경우가 많다. 하이리스크 하이리턴이란 그와 관련된 주식 격언이기도 하다.

적정보험료 = 생활비의 15% 이내

투자 방정식

　보장설계 법칙이란, 보험료의 크기를 계산하는 방식으로 단순 보험료뿐만 아니라 보험금 및 보장내용을 분석함으로써 본인에게 맞는 보장설계를 가져가야 한다는 이론이다.

10, 10, 10 법칙

　10, 10, 10 법칙이란, 10%는 현재의 자신에게, 10%는 자신을 있게 해준 고마운 사람들에게, 10%는 미래의 자산에게 투자하는 법칙이다. 저축만이 능사가 아니다. 살다 보면 고마운 사람들도 있으며, 자기계발도 해야 하고, 미래를 위해서도 투자를 해야 한다. 이와 관련해서 급여 사용법을 안내해 주는 가이드라인으로 은퇴자금 및 자기계발비, 부모님을 위해 쓰는 돈이나 봉사활동비에 대한 내용을 포함한다.

4장 똑똑하게 저축하기

통장 이름 만들기
통장마다 이름을 만들어서 자신의 **저축 목적을 명확히하며, 저축할 때마다 목적이 달성되어 가는 재미를** 느끼게게 하는 방식   ex) 휴가/여행통장, 부모님여행통장, 아내선물통장

저축 목적 필요
25세 성인 남녀 100명 상대 조사 결과에 따르면 **1968년에는 '100명 중 단 5명만 인생의 전반적인 계획이 수립** 되어 있었지만 **35년 후인 2003년에는 '20명은 사망하고 5명의 재산이 75명의 재산보다 많음'** 으로 나타났다.   [자료출처: 예일대학교]

저축의 재미
원하는 삶을 살고 싶지만 항상 필요한 조건 중에 하나가 돈이다. 통장에 이름을 정해서 납입할 때 마다 자신이 원하는 꿈이 다가온다고 느낄수록 저축하는 재미가 점점 커질 것이다.

통장 이름 정하기

첫 번째 똑똑하게 저축하는 방법
통장 이름 정하기

 저축을 시작할 때 목적이 없으면 저축을 쉽게 포기할 수 있다. '가족들과 해외여행 가기'로 통장 이름을 정했다고 가정해 보자. 그런데 자신이 좋아하는 자동차가 새로운 버전으로 출시되었는데 이것이 너무 사고 싶어서 사야 할지 고민이 되는 상황이다. 평소 목적 없이 저축을 했다고 가정하면 충동적으로 새로 출시된 자동차를 살 수도 있지만 통장 이름을 정했다면 쉽게 저축을 포기하기는 어렵다.

 통장마다 이름을 정하는 것은 목표 설정을 하는 방법이며, 효과적이면서도 저축의 목적을 달성할 수 있는 좋은 방법이다.

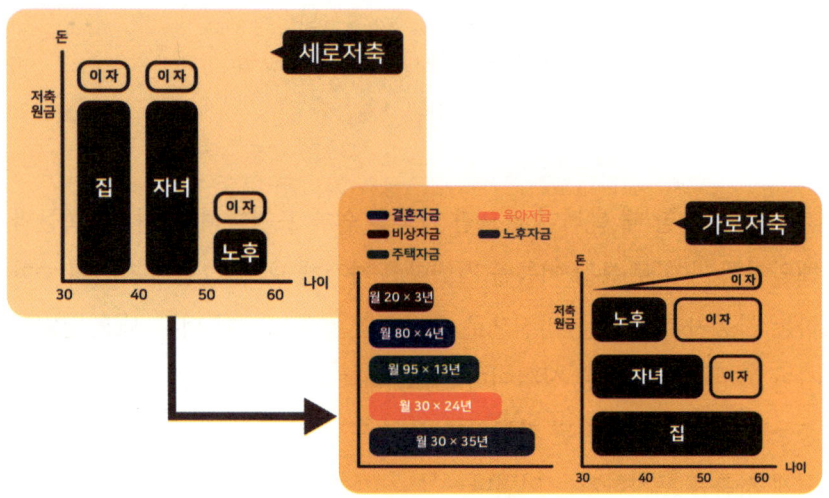

가로저축하기

두 번째 똑똑하게 저축하는 방법
가로저축하기

기존에 우리가 저축하는 방식은 세로저축이다. 세로저축이란 자신에게 가장 긴급한 자금을 저축하는 데 모든 저축 금액을 투여하는 형태이지만 이런 저축 방법은 향후 소득이 줄어들거나 하면 본인이 원하는 자금을 다 충족하지 못하게 할 수 있다. 그렇기 때문에 필요한 자금의 중요성을 나눠 현재 가장 긴급하고 중요한 자금과 급하지는 않지만 중요한 자금을 나눠 **모든 필요자금을 충족할 수 있는 저축 방법이 가로저축이다.** 가로저축은 목적자금을 계획하여 **단기, 중기, 장기적**으로 필요한 자금을 구분하고 긴급하고 중요한 자금에 많은 비율을 저축하고 중요하지만 급하지 않은 자금에는 적은 금액이지만 미리 저축을 한다. 보통 은퇴자금이나 자녀 교육 자금 등 지금 당장은 필요하지 않지만 언젠가 소요될 중요한 자금을 마련하는 방법으로 활용되고 있는데 소액으로 저축하지만 저축기간과 복리효과를 활용하기에 향후 필요자금을 모두 충족할 수 있다.

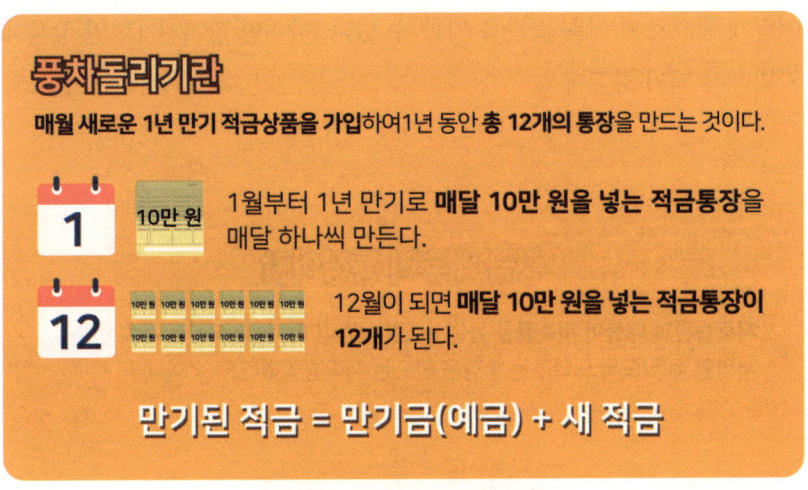

투자의 확률의 함정

세 번째 똑똑하게 저축하는 방법
예적금 풍차돌리기

예적금 풍차돌리기란, 1년 12달 내내 만기가 되는 상품이 돌아오게 하는 방식으로 매월 새로운 만기 상품에 가입하여 점점 그 금액을 늘려감으로써 저축의 재미와 습관을 키우는 저축방식이다. 첫달에 1년 만기 적금

상품에 10만 원을 가입하고 그다음 달도 똑같이 다른 적금 상품에 10만 원을 가입했다고 가정하자. 그러면 열두 번째 달에는 총 12개 적금 상품에 가입하게 되는 것이고 열세 번째 달이 될 때는 첫 달에 넣은 10만 원 적금 만기가 돌아와 120만 원의 이자가 붙은 금액이 출금된다. 그러면 그 금액에 다시 10만 원을 적금 가입을 해 점점 그 금액을 늘려나가는 방식이다. 이렇게 함으로써 저축 습관을 기를 수 있다. 하지만 만기가 1년인 상품에 가입해야 되기 때문에 높은 금리를 추구할 수 없으며 또한 단기금융상품으로 복리효과를 누릴 수 없다는 단점도 있다.

황금 메추리 통장이란

저축습관과 더불어 저축률을 높일 수 있는 방식이며 향후 자신이 계획한 일을 처리할 수 있도록 도와주는 통장을 만드는 저축방법이다.

황금 메추리 통장

네 번째 똑똑하게 저축하는 방법
황금 메추리 통장

황금 메추리 통장 이름은 『황금알을 낳는 거위』에서 유래하였다. 자신의 자금 목적을 달성하기 위해 자금이 필요한데 **자신이 소득이 증가할 때마다 일정 비율을 이 통장에 저축하여 목적자금을 달성하는 방법**이다. 저축을 못하는 사람한테 무리하게 저축을 시키면 중간에 상품 해지나 해약을 하는 경우를 자주 볼 수 있다. 따라서 저축하는 방법보다는 **저축하는 습관을 기르는 것이 중요**하다.

 저축 습관을 기르기 위해 우선 자신이 저축할 수 있는 최소한 자금부터 시작하는 것이다. 현재 소득의 10%가 되었건 20%가 되었건 저축을 시작하는 것이 중요하다. 자신이 할 수 있는 최소한의 저축을 시작함으로써 자연스레 저축 습관을 기르고, 급여 상승 및 상여금을 받게 되어서 소득 상승분이 발생하면 소득 상승분의 50%를 추가로 저축을 하면 된다. 최소한의 자금으로 저축을 시작하기 때문에 부담이 없으며 추가 소득 상승분이 생기면 50%를 저축함으로써 서서히 저축률을 높여 나갈 수 있다.

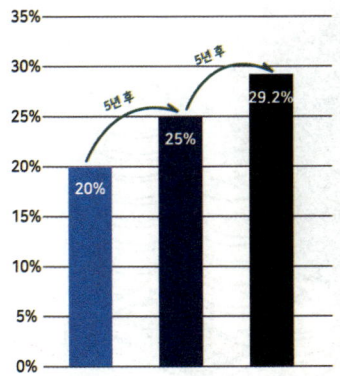

구분	월급	소비	저축	저축률
현재	250	200	50	20.00%
1년 후	260	205	55	21.15%
2년 후	270	210	60	22.22%
3년 후	280	215	65	23.21%
4년 후	290	220	70	24.14%
5년 후	300	225	75	25.00%
6년 후	310	230	80	25.81%
7년 후	320	235	85	26.56%
8년 후	330	240	90	27.27%
9년 후	340	245	95	27.94%
10년 후	360	255	105	29.17%

저축률 그래프

5장 가계부 작성 요령

미국 최대 부자 석유왕 록펠러

미국 최대 부자였던 석유왕 록펠러는 미국 내 정유소 95%를 점유함으로써 엄청난 부를 이룬 사람이다. 많은 부자들이 자식대에서 부의 세습이 끊어지고 쇠퇴하게 되는 경우를 많이 보게 된 록펠러는 부의 세습을 위해 많은 고민을 한 사람이다. 현재 3대에 걸쳐 전 세계를 대표하는 부유한 가문으로 명성을 유지하고 있는데 이는 록펠러 가문의 부의 습관인 가계부를 잘 쓰기 때문이라고 전해진다. 그들이 엄청난 부를 유지하는 것은 돈을 상속하는 것이 아닌 돈을 관리하는 방법을 상속해줬기 때문이다.

가계부를 작성하는 것은 내 재산 및 현금흐름을 파악하는 것이다. 로버트 기요사키는 『부자 아빠 가난한 아빠』라는 책을 통해 자금관리를 어떻게 해야 되는지 밝힌 바 있다. 그러기 위해서 재무상태표(구 대차대 조표)와 현금흐름표를 먼저 알아야 한다. 두 단어는 회계상 용어로 현재 자산을 파악하는 재무제표가 재무상태표이며, 수익과 지출을 파악하는 재무제표가 현금흐름표이다. 가계부 유형에는 총 3분류가 있는데 가난 한 아빠 가계부, 중산층 아빠 가계부, 부자 아빠 가계부가 있다.

가난한 아빠로 표현되는 서민층의 가계부를 살펴보면 수입이 들어오면 자산을 형성하지 못하고 전부 다 소비로 연결되는 형태를 볼 수 있다. 당연히 저축은 할 수 없으며 수입과 지출 양이 동일하다.

중산층 아빠의 가계부는 수입이 지출보다 약간 많긴 하지만 부채 상환으로 인해 자산을 형성하지 못하고 자금이 전부 소요된다. 따라서 자산 형성보다 부채 상환이 먼저로, 저축을 생각할 수 없다.

부자 아빠의 가계부를 살펴보면 수입이 지출보다 월등히 많으며 남는 수입 금액이 자산을 형성하여 그 자산을 통해 또 다른 수입이 들어와 돈이 선순환 구조를 이루는 형태를 보이고 있다.

자신의 가계부 유형을 살펴보면
어떤 상태인지 파악할 수 있을 것이다.

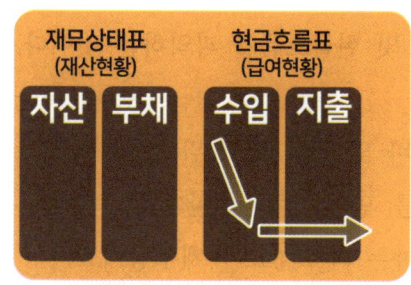

가난한 아빠 가계부

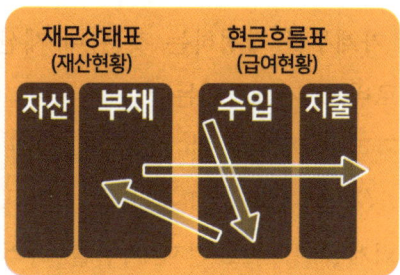

중산층 아빠 가계부

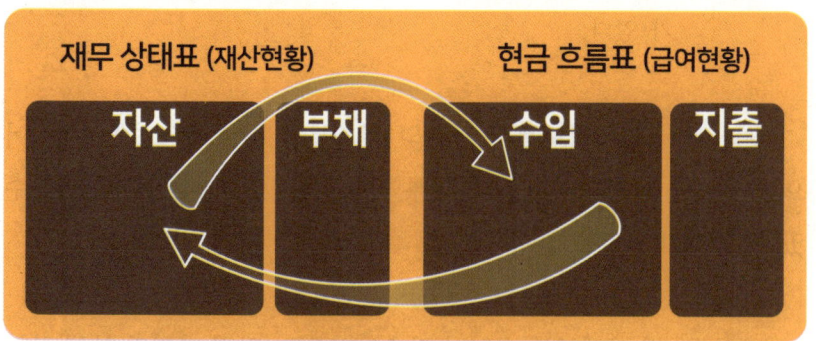

부자 아빠 가계부

결국 좋은 가계부 유형은 소득이 지출보다 많아야 하며 지출 항목에 대한 분석이 잘 이뤄져야 부자아빠 가계부 유형의 부의 습관을 가질 수 있는 것이다.

따라서 저축도 중요하지만
소비 항목 분석도 매우 중요하다.

가계부 파악항목

- 가계부를 쓸 때에는 너무 복잡하게 쓰는 것보다 단순하면서도 알기 쉽게 작성하는 것이 꾸준히 오래 유지할 수 있는 방법이다.
- 항목별로 정리하여 가계부 작성을 활용해보자.

지출항목	항목 내용	지출 내용
고정지출	매 달 동일하게 지출되는 항목	대출금 / 할부금 / 학원비 / 용돈 등
공과금	주거환경에 연관된 항목	전기세 / 수도세 / 관리비 / 통신비 등
식료품비	음식과 관련된 항목	식비 / 간식비 / 외식비 등
차량유지비	자동차 관련 항목	주유비 / 차량수리비 / 보험료 등
문화생활비	경조사 / 사회활동 등에 관련된 항목	여가 생활비 / 경조사비 등

Tips

소비 항목을 파악하기 위해 한 달에 필요한 고정지출과 변동지출을 항목별로 분류하는 것이 지출 관리의 첫걸음이라고 할 수 있다.

지출항목을 잘 파악하기 위해서는 고정지출항목을 정확히 파악하고 변동지출항목을 단순화시켜야 한다. 항목이 많을수록 가계부 쓰기도 힘들뿐더러 파악할 때 오차가 생길 수 있기 때문이다.

지출을 정확히 파악해야만
한 달에 저축할 수 있는 금액이 산출된다.

고정적인 지출 항목을 확인하자!

자동이체되는 통신비, 주거지 관련 관리비, 교통비 등의 **고정적인 지출과 변동될 수 있는 지출을 구분해서 세워 두는 것이 좋다.** 고정적인 지출이 어느 정도인지 미리 파악하고, 예상했던 지출보다 더 많은 지출이 있었다면 변동될 수 있는 지출에서 줄여나가는 것이 중요하다.

지출 항목을 단순화하자!

가계부를 작성할 때 지출 항목이 많아지면 오히려 분류하기가 어려워지므로, 항목 분류를 고민하느라 가계부 쓰는 것에 지칠 확률이 높다. 예를 들면 마트에서 장 본 것, 간식비, 카페, 외식 등으로 세세하게 분류하기보다는 '식비'라는 하나의 항목으로 묶는 것이 좋다.

바로 작성할 수 없다면, 영수증을 챙기자!

가계부를 작성할 때는 지출이 발생할 때마다 바로바로 기록을 하는 것이 가장 좋다.
그러나 작성할 수 없다면, 영수증을 버리지 말고 꼭 챙겨두길 바란다.
**거래시기, 구매내역과 금액이 모두 적혀 있는 영수증을 모아두고
가계부에 한 번에 정리하는 것도 좋은 방법이다.**
(하지만 이것도 너무 밀려 버리면 가계부 쓰기가 스트레스로 다가올 수 있다.)

체크카드를 사용하면 편리하다!

신용카드는 사용 시점과 결제 시점이 달라서 파악이 어렵고,
선 사용 후 결제 시스템이기 때문에 과소비로 이어질 가능성이 있다.
하지만, **체크카드는 통장에 돈이 있는 경우에만 사용할 수 있기 때문에
스스로 얼마 정도의 가격 제한을 둘 수 있고,**
지출 내역 기록이 남으니 가계부 작성에도 편리하다.

6장 금융상품의 이해

전자 단기 사채

전자단기사채(Asset Backed Short-Term Bond)란 **기업들이 만기 1년 미만의 단기자금을 조달하기 위해 종이가 아닌 전자방식으로 발행하는 채권**을 말한다. 줄여서 **전단채**라고도 한다.

기업어음(CP)을 대체해 기존의 기업어음 거래의 부작용을 해소하고 단기 금융 시장을 활성화시키기 위한 것으로 2013년 1월 15일부터 도입됐다. 주로 증권회사에서 판매하고 있다.

전자단기사채는 일정의 기업어음의 형태에서 신용을 보강하여 최소 매매 단위가 1억 원 이상인 상품이다. 단기 자금 운영 시 은행이자보다 높은 수익률을 추구할 수 있으며, 신용등급이 높은 회사 및 단체에 투자하기 때문에 자산가들에게 인기가 좋은 상품이다.

	채권(회사채)	특정금전신탁(기업어음, CP)
발행 목적	중장기 회사 대여금	단기 회사 대여금
발행 기간	1년 이상	1년 미만
발행 회사	1년 이상	주로 건설사, 캐피털
투자가능 신용등급	AAA, AA, A, BBB	A1, A2, A3
특징	창구, HTS에서 가입 가능	창구에서만 가입 가능

채권과 기업어음의 차이

환매 조건부 사채

금융기관 RP는 수신상품 중 하나로 은행이나 증권회사가 일정기간 후 다시 사들인다는 조건으로 고객에게 판매하는 금융상품이다. 대상 채권은 국채, 지방채, 특수채, 회사채 등이다. 은행, 증권, 종금 등이 자체 보유 채권을 담보로 쌓아두고 담보 채권의 금액 범위 내에서 거래고객에게 '일정 시점 이후 되사주는 조건으로 담보채권을 쪼개서 판매하는 거래방식'이다. 예금자 보호대상은 아니지만 대부분 **국채 또는 예금보험공사에서 보증하는 채권**으로 어느 정도의 안정성이 보장된다.

환매조건부사채는 RP로서 증권사에서 1년 미만 짧은 기간에 높은 금리를 제공해 주는 것으로 광고를 하고 있다. RP는 말 그대로 일정 기간 내 환매 성향을 더한 채권으로서 짧은 기간 높은 채권수익률을 확정적으로 가질 수 있지만 가입 한도를 금융기관별로 정하고 있으며, 주로 고액 자산가 초기 유입형태로 활용되고 있다.

수시입출금 상품으로는 크게 CMA와 MMF가 있다.

CMA

종합자산관리계좌로 수시입출금이 가능하며, **상품유형에 따라 예금자 보호 여부 및 금리가 상이**하다. 예금자 보호되는 상품은 종합금융 회사에서만 판매되며, 나머지 상품은 증권회사에서 판매가 된다.

매일 이자가 붙기 때문에 비상예비자금으로 활용 시 CMA 통장을 활용하면 유리하다.

RP형
- 확정금리(손실 적음)
- 금리가 높을 때 가입 시 매도하지 않는 게 유리
- 금리 상승기에 출금 후 새롭게 예금
- 고금리 기대

종금형
- 예치 기간에 따라 금리가 달라짐
- 5,000만 원까지 예금자 보호

MMV형
- 일일정산 익일원금+이자 재투자
- 복리효과
- 일복리 계산이므로 예치 기간이 길수록 유리
- 금리 인상 시기에 유리

MMF형
- MMF 운용 결과에 따라 실적이 달라짐
- 금리 하락기 채권 가격이 오를 때 가입하면 높은 수익률 기대

CMA 상품 종류

CMA는 단기자금으로 많은 사람들이 활용하고 있는 상품으로서 **하루만 맡겨도 이자가 발생하는 수시입출금식 계좌**이다. 자산관리사 입장에서는 **비상예비 자금 활용 시 CMA**를 많이 추천하고 있다. CMA는 종류가 다양한데 **RP형과 종금형, MMV형, MMF형**이 있으며, 예금자 보호는 종금형 상품만 가능하다. 종금형 이외의 상품은 증권회사에서, 종금형 상품은 종합금융 회사에서 판매되고 있다. 최근에는 증권사에 방문하지 않고도 계좌 개설이 가능해졌다.

MMF

CMA 종류 중에는 **CMA - MMF형**이 있는데 **MMF에 주로 투자하는 CMA 종류**로 이해하면 된다.

MMF(Money Market Fund)는 펀드의 일종이지만 주로 초단기 금융상품에 집중투자하여 1년 국공채 및 우량 기업어음에 투자하는 상품으로 유동성 및 안정성을 가진 상품이다.

주로 위험등급을 나눌 때 **MMF 상품은 무위험채권으로 분리**한다.

MMF 상품은 **머니마켓펀드의 약자로서 펀드 종류 중 하나**이다. CMA와 같은 단기금융상품이지만 환매 조건이 CMA보다 약간 까다롭다는 단점이 있다. CMA는 당일 즉시 출금이 되지만 **MMF는 환매 요청일 기준 익일 출금을 원칙으로 하고 있다.** 주로 MMF는 은행에서 거래되고 있다.

ELS 상품 주가연계지수로써 기초 상품 및 상품 구조에 따라 여러 종류로 나뉠 수 있다.

	MMF	CMA
판매 회사	은행	증권회사, 종합금융회사
성격	수익률 추구	수시 입출금
유동성	익일 환매	즉시 환매
계좌활용	단독 계좌로 활용	주식계좌와 연계 및 계좌 내 금융상품 매입 가능

MMF와 CMA의 차이

ELS 종류	· ELS: 기초자산이 개별 종목이나 지수 · DLS: 기초자산이 파생상품(원자재, 금, 은) · ELB: 원금보장 ELS
기초자산	대상이 되는 자산으로 보통 종합주가지수나 개별종목 또는 원자재가 포함된다. 일반적으로 2개의 기초자산으로 운용하고 가끔씩 3개의 기초자산으로 운용한다.
낙인(KI)	손실 발생 가능 기준이다. 주가가 10만 원인데 낙인이 60%라 하면 6만 원 미만으로 떨어지지 않으면 손실발생이 생기지 않는다. 단, 낙인이 되었다 하더라도 조기 상환일에 조기 상환 조건을 충족해도 수익률이 지급된다.
수익률	조기 상환이 되거나 만기 시 낙인이 되지 않았을 경우 지급하는 연수익률 단, 낙인이 되었다 하더라도 조기 상환일에 조기 상환 조건을 충족해도 수익이 지급된다.
조기 상환 조건	조기 상환 조건은 보통 6개월 단위가 기본이며, 경우에 따라 4개월도 있다. 만기가 3년이더라도 조기 상환 조건 6개월 때 충족하며 ELS는 조기 상환되고 종결된다.
만기	원금 비보장 상품 만기는 보통 3년이며, 원금보장형은 보통 1년이나 1년 6개월 상품이 많다. 조기 상환되며 만기를 채우지 않고 상환된다.
낙아웃(KO)	원금보장형 KO 터치할 경우 정해진 낮은 수익률이 지급되고, 원금 비보장인 경우 낙인의 반대 개념으로 주가가 상승하여 낙아웃 지점을 도달하며 이후 주가와 상관없이 근접한 조기 상환일에 무조건 상환되는 옵션이다.
참여율	원금 비보장형일 때 적용되며, 주가 상승 시 상승비율을 적용하는 용어, 10% 상승했을 때 참여율이 70%이면 수익률은 7% 지급한다.

ELS 주요 개념 및 용어

ELS 상품 주가연계지수로서 기초 상품 및 상품 구조에 따라 여러 종류로 나뉠 수 있다.

원금보장형 ELS 상품은 ELB라고하며 낙아웃형태가 대표적이다. 기초자산에 따라 일정한 참여율을 부과하며 일정한 수준 이상 상승하거나 하락할 경우 미리 정해진 이율이 적용되는 상품이다.

원금비보장형 ELS 상품인 경우 스텝다운 형태로 발행이 많이 된다. 기초자산이 일정 구간 하락하지 않으면 수익률을 지급하며 시간이 지남에 따라 상환 조건을 조금씩 완화하여 상환 시 정해진 수익률을 지급하는 형태이다.

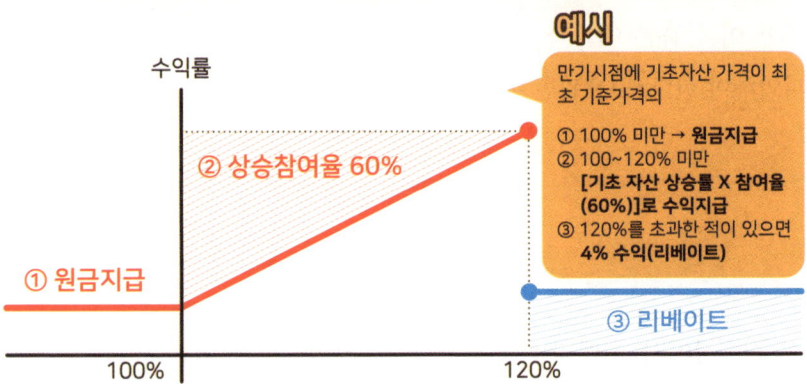

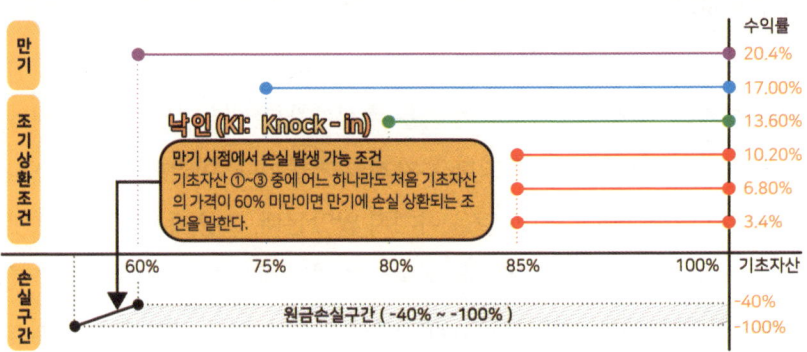

ELS 대표적인 유형

ELS 상품은 주식형 상품이지만 **금융소득이 과세되는 상품**이다. 따라서 과세 여부에 주의하여야 하며, 중도상환조건이 있더라도 만기가 2년 또는 3년 상품인 경우 자신의 재무 목적과 기간에 적합 한지 파악해야 한다. 또한 이 상품은 예금자 보호가 되지 않으므로 발행사의 안전성도 같이 파악해야 한다. ELS 관한 정보는 각 증권사 홈페이지에서 확인 가능하다.

**ETF는 상장지수 펀드로서
펀드와 주식의 성격을 갖춘 상품이다.**

주식시장에서 거래되는 인덱스 펀드로 이해하면 되는데 **최근 지수, 원자재, 유가 등 다양한 ETF가 발행되고 있다.** 발행하는 운용사에 따라 ETF 이름이 달라지며 우리나라에서는 **삼성, 미래에셋, 한국, 우리자산운용에서 ETF를 운용하고 있다.** 삼성코덱스는 **코덱스200, 코덱스 인버스, 코덱스 레버리지지수** 등이 유명하며 미래에셋 **타이거는 타이거유가 및 타이거 농산물, 타이거해외주식** 등이, 우리자산운용은 **달러자산 ETF**가 유명하다.

가치투자의 대명사인 **'워렌 버핏'**은 주식투자를 해본 사람이나 투자에 관심이 없는 사람에게도 유명한 투자계의 거물이다. 이러한 그가 ETF와 관련해서 여러 차례 추천의 말을 아끼지 않았는데, 그중에서도 워렌 버핏이 **부인에게 남겼다고 알려진 투자 방법**이 가장 유명하다. **인덱스 펀드**를 오래도록 주목해온 버핏은 자신의 가족에게 남길 투자 방법으로 인덱스 펀드를 말하면서, 이를 **주식투자에 익숙하지 않은 사람도 성공할 수 있는 중장기 투자 전략**으로 확신했다.

이처럼 워렌 버핏을 사로잡은 인덱스 펀드의 성격을 지닌 대표 투자상품이 바로 ETF이다.

발행사	삼성	미래에셋	한국	우리
ETF명	KODEX	TIGER	KINDEX	KOSEF
대표 ETF	KODEX200 KODEX인버스 KODEX레버리지 KODEX코스닥150	TIGER유가 TIGER구리 TIGER농산물 TIGER해외주식 TIGER그룹주	KINDEX 중국	KOSEF 미국달러선물

운용사별 ETF

주식과 채권 중간 성격을 지닌 채권으로 '하이브리드 채권'이 있다!

전환 사채
- 채권을 보유하고 있다가 주식가격 상승 시 주식으로 전환 가능한 채권
- 주식으로 전환 시 채권은 소멸

예시

좋은사람들3CB
동국제강84CB 한솔홈데코37CB
두산건설84CB LG이노텍32CB
에스디엔7CB 신화인터텍17CB
유안타증권82CB

신주인수권부사채
- 채권과 주식을 살 수 있는 권리가 같이 있는 채권
- 주식이 상승하더라도 채권은 소멸하지 않고 보유 가능

예시

중앙종금제 17회 BW

교환 사채
- 전환 사채와 비슷하나 교환 사채는 그 회사 주식으로 전환하는 것이 아닌 다른 회사 주식으로 전환
- 보통 계열사 주식으로 전환

예시

두산중공업40EB

하이브리드 채권

7장 인생 5대 자금과 통계

인생의 5대 자산이란, 일반적으로 한 가정의 안정적인 경제생활을 위해 필요한 가정의 생활자금으로 **주택자금, 보장자금, 자녀교육 자금, 노후 생활자금, 긴급 예비 자금**을 말한다. 개인의 삶의 목표를 파악하고 그 목표를 달성하기 위하여 개인이 가지고 있는 **재무 및 비재무적 자원을** 적절하게 관리하는 일련의 과정에서, 즉 가족의 형성부터 노년기를 거치면서 우리는 **시간에 따라 변화를 겪게 된다.**

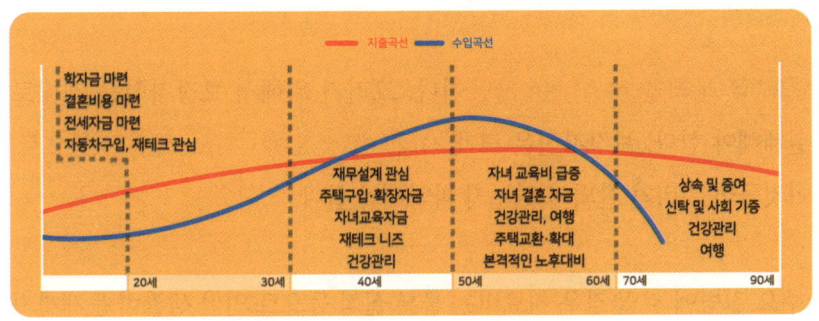

인생 5대 자산의 필요성

생애주기가설을 통해 수입과 지출 곡선을 도출해 보면 인생 5대 자산은 전 생애에 걸쳐 필요하지만 수입이 일정하지 않기 때문에 기간과 목적에 맞는 재무설계를 해야 한다.

긴급 예비 자산은 예상치 못한 자금 유출 및 자금이 필요할 때(실직, 차 고장, 부모님 용돈 등) 모아둔 자산을 말한다. 긴급 예비 자산은 비상금과 같다. 생활비의 보통 3배수 정도를 입출금이 가능한 별도의 통장에 보관하고, 질병이나 긴급한 상황에 필요한 자금의 경우는 적절한 보험상품 가입을 통해서 빈틈없이 준비해야 한다. 긴급 예비 자산은 비상시에 즉시 이용할 수 있도록 현금성자산으로 마련해 두는 것이 일반적이며 보통 월 생활비의 3~6배를 마련해 두는 것이 안정적이다.

보장자산은 긴급예비자산과 비슷한 성격이지만 자금운용 부분에서 훨씬 치명적이고 큰 금액을 방어하는 자산이다. 긴급예비자산은 생각하지 못한 단기간의 소액 자금 문제를 해결한다면 보장자산은 중장기적이면서

큰 자금 문제를 해결하는 자금이다. 그러기 위해서 보장자산을 제대로 설계해야 한다. 보장자산은 크게 **사망, 진단, 입원, 수술, 통원비** 등으로, 이것들이 준비가 잘되어 있는지 파악해야 한다.

주요 질병에 걸릴 경우 치료비는 물론 실직 등으로 인한 생활비 문제까지 발생할 수 있으니 보장자산 보험금 금액 설정도 중요하다. **사망보험금은 연봉의 3년 치 정도로, 주요 질병 진단비는 연봉과 같은 수준으로 설정**하는 것이 바람직하다.

사망보장
- 가장(가정의 주 수입원)의 갑작스런 사망으로 인한 생활비 문제

주요 질병 진단
- 주요 질병으로 인한 치료비 및 생활비 문제

수술·입원·통원
- 병원 통원 및 입원으로 인한 소득 상실 및 치료비 문제

보험 종류	사망	진단	수술	입원	통원
	일반|암|재해|교통	암|뇌졸중|심근경색	암|질병|재해	암|질병|재해	긴급|골절|화상

보장 자산

주요 암 종류별 환자 1명당 부담 비용
(교통비, 간병비 등 포함한 의료비·단위:원)

- 간암: 6622만 7천 원
- 췌장암: 6371만7천 원
- 폐암: 4657만3천 원
- 담낭암: 4254만 원
- 위암: 2685만6천 원
- 대장암: 2352만 원
- 유방암: 1768만5천 원
- 자궁경부암: 1612만6천 원
- 방광암: 1464만1천 원
- 갑상선암: 1124만3천 원

[출처: 국립암센터]

암 발생 후 실직률

실직률 **83.5%**

[출처: 국가암관리사업단]

보장 자산 설계

주거자산은 결혼자금 설계 및 목표 자금 마련 등 인생에서 **가장 많은 자금이 투여되는 항목**이기도 하다. 가계대출이 1,500조인 시대, 그중 **70% 이상이 주거자산 형성을 위해 발생한 대출**이라는 통계가 있다. 주거자산을 어떤 계획으로 형성하느냐에 따라 개인 자산에 긍정적인 요인으로 작용하는 순자산이 될 수도 있으며 부정적인 요인으로 작용하는 부채가 될 수도 있다. 『부자 아빠 가난한 아빠』에서는 **부채 형성은 결국 자금의 선순환을 방해**하여 자산의 형성 및 축적을 방해한다고 지적했다. 주거자산의 규모가 큰 만큼 **장기적이면서 구체적인 재무계획을 가지는 것이 중요**하다.

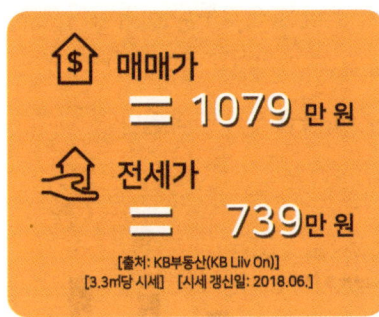

전국 아파트 시세

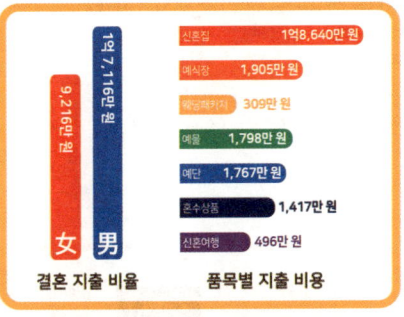

결혼자금

부모 합산 소득: 500~599만 원 기준 (단위: 원)				
0~2세	3~5세	6~11세	12~14세	15~18세
1,105,000	1,189,000	1,302,000	1,386,000	1,610,000
1,027,000	1,122,000	1,220,000	1,304,000	1,494,000
1,341,000	1,284,000	1,408,000	1,484,000	1,715,000

―― 평균양육비   ―― 양육비 구간   [출처: 서울가정법원 - 2017 양육비 산정 기준표 中]

* 본 양육비는 양육자녀가 2인인 4인가구 기준으로 자녀 1인당 평균 양육비이다.
* 부모합산소득은 세전소득으로 근로소득, 영업소득, 부동산 임대소득, 이자소득, 정부보조금, 연금 등을 모두 합한 순수입의 총액이다.

생애별 자녀 양육비

대학생 자녀의 교육비와 생활비

　　자녀교육자산은 인생의 5대 자산 중 **가장 탄력적으로 운용할 수 있는 자금**으로서, 결혼자금이나 주택자금처럼 돈이 한꺼번에 필요하지 않다. 자녀계획을 세워서 자녀가 태어날 시점이나 어린 시기부터 시작하여 **소액이라도 꾸준히 준비**할 수 있다. 무리한 교육자금 지출이 없는 덕분에 **삶의 질을 높이고 노후 준비**를 할 수 있는 여력이 자금에서 시작된다.

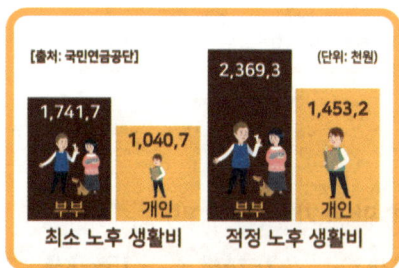

노후 생활비

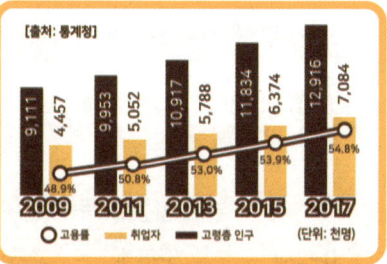

고령층 인구, 고용률 추이

　　노후자산은 인생 5대 자산 중 우선순위에서 가장 밀려나 있다.

100세 시대를 살아가고 있는 현시점에서 은퇴 후 살아온 날보다 살아갈 날이 더 많다는 것을 인지하면 노후자금은 가장 우선순위여야 한다.

현재의 생활도 힘이 드는데 나의 먼 미래 노후까지 생각하여 노후 자금을 마련해야 된다는 점이 그저 막막하게 느껴질 수도 있다. 급속히 노령화가 진행되는 현대에 매년 고령 취업자가 꾸준히 증가하고 있다. 재작년도와 비교하였을 때만 보더라도 고용률 역시 54.8% 로 증가하고 있는 상황이다. 지금도 여전히 2명 중 1명은 일을 하고 있다.

지금부터라도 준비하지 않으면 최소한의 노후 생활비조차 보장받지 못하는 시기가 올 수 있다.

8장 자녀교육자금

인생 5대 자금으로는 비상예비 자금, 자녀교육자금, 결혼자금, 주택자금, 은퇴자금이 있다. 그중 자녀 교육자금은 특히나 한국에서는 아주 중요한 자금인데 어떻게 준비해야 되는지 구체적인 계획 및 실천 방안을 가지는 것이 중요하다. 자녀교육자금이 단순히 교육자금 준비의 의미만 가지는 것이 아니다.

교육자금 마련은 자녀에게
경제교육 및 자립심을 동시에 길러줄 수 있다.

유대인은 역대 노벨경제학상의 30% 이상을 수여받았으며, 세계 부자들 중 대부분이 유대인이다. 그래서 그들의 자녀교육법이 서적이나 언론을 통해 많이 전달되곤 했다. 그중 유대인의 경제교육이 아주 이례적이었는데, 유대인들은 만 18세가 되면 성인식을 치러 주는데, 성인식 때 가족들이 돈을 조금씩 모아서 우리나라 돈으로 5천만 원에서 1억 가량을 자녀에게 성인식 선물로 준다고 한다. 이 돈으로 자녀들이 사회생활을 시작한다. 우리나라에서도 친척들이 십시일반 모아서 이런 돈을 주면 좋겠지만 현실적으로 쉽진 않다.

금융선진국인 영국에는 차일드 트러스트 펀드 제도가 있다. 이 펀드는 자녀가 10살이 되면 부모가 의무적으로 가입시켜줘야 하며 우리나라 돈으로 약 50만 원 정도를 저축해 줘야 하는데 18살 때까지 인출할 수가 없다. 이를 통해 자녀는 10살 때부터 자신 이름으로 된 투자 계좌를 가지게 되며, 자연스레 저축과 투자에 대해서 익숙해지게 된다. 그로 인해 자연스레 경제 상식 및 경제 마인드가 길러지는 것이다.

영국 정부는 2002년 9월
차일드 트러스트 펀드(Child Trust Fund)를 전격 도입했다!

- 만 10세가 되면 차일드 트러스트 펀드에 의무적으로 가입

- 연간 250파운드(약 45만 원)씩 적립, 만 18세 때까지 인출 불가

- 가장 형편이 어려울 시 모자라는 만큼 정부에서 보조

투자 마인드

저축 마인드

경제 일반 상식

영국의 차일드 트러스트 펀드

미국 또한 529 플랜이라는 자녀저축계좌가 있는데, 연방정부는 부모가 의무적으로 학비 전용 투자 계좌를 만들게 하고 그 통장에 돈을 입금할 때 세금을 절세해 줌으로써 학자금 마련을 도와준다. 529 계좌는 크게 두 가지로 529 저축 계좌와 529 학자금 계좌가 있다. 529 계좌를 학자금 이외의 목적으로 사용할 경우 중과세를 부과하여 학자금으로만 사용하게 한다.

529 플랜은 연방정부가 제정하고 주정부가 운영하는 학비전용 저축계좌로, 돈을 넣은 만큼 소득을 낮게 보고할 수 있어 세금 혜택이 커진다.

미국의 529 플랜

각 나라마다 어린이 때부터 학자금 마련과 함께 경제관념을 심어주기 위한 정책들이 많은데, 안타깝게도 우리나라에는 이런 제도가 부족한 편이다. 현재 정부의 최저 교육비 지원 내용이 진행되고 있지만 현실적으로 부족한 자금이다.

통계청 자료를 살펴보면 생애 자녀교육비가 3억가량 발생한다고 하니 엄청난 자금이 필요한데도 불구하고 자녀교육비 준비를 못 하는 이들이 많다. 또한 소득별 소비 지출 항목을 분석해 보면 고소득층보다 저소득층 가구에서 교육비 부담이 훨씬 더 클 수밖에 없는데, 자연스레 교육자금이 준비되지 않으면 자녀교육의 양과 질이 저하될 수밖에 없다.

그러면 자녀교육자금을 어떻게 준비해야 할까?

연도	소득 1분위(하위 20%)	소득 5분위(상위 20%)
2010년	8만 5735원	54만 2946원
2011년	8만 5098원	51만 6989원
2012년	7만 8862원	51만 2589원
2013년	7만 6617원	50만 4298원
2014년	6만 6766원	52만 9380원
2015년	7만 620원	52만 8391원
2016년	8만 3297원	66만 5461원

소득 1분위 5분위 가구별 월평균 교육비

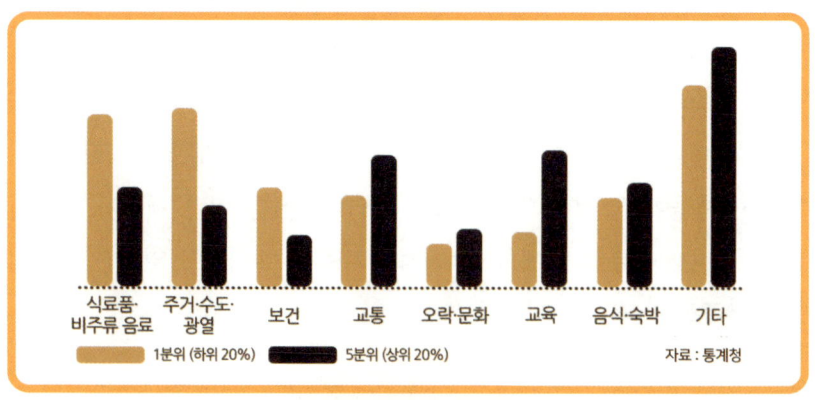

소득별 교육비

가로저축

세로저축과 상대적인 개념으로 재무목적에 맞는 목적자금의 우선순위를 정한 뒤 목적자금이 필요한 시점을 계산하여 목적자금을 골고루 저축시키는 방법으로 세로저축 대비 적은 금액으로 목표자금을 활용할 수 있는 방법

똑똑하게 저축하기' 챕터에서 설명한 바 있는 **가로형 저축을 통해** 자녀교육자금을 미리 계산하여 준비하는 것이 좋다. 미래에 발생할 교육자금을 사전에 계산하고 일정 기간 동안 꾸준히 불입하게 되면 수익률과 기간을 이용한 복리 효과로 자녀교육자금이 마련될 수 있다. 이런 **저축과 함께 사전증여 제도를 활용하면 증여세 절세 효과도 볼 수 있다.** 국내 사전증여는 **미성년자인 경우 2천만 원, 성년인 경우 5천만 원까지** 세금없이 자녀에게 넘겨줄 수 있는 세금 제도이다.

어린이 저축상품으로는 은행, 증권회사, 보험회사 상품별 특징이 있으니 잘 살펴보고 본인에게 맞는 상품을 선택하면 되겠다.

대상자	증여금액	사전증여가능기간
배우자	6억 원	10년
직계존속, 비속(성인)	5천만 원	10년
직계비속(미성년)	2천만 원	10년
기타 친족	1천만 원	10년

증여자가 수증자에게 증여세 없이 미리 정해진 한도 안에서 증여를 할 수 있는 제도이다.

사전증여제도를 활용하면 10년간 사전증여 금액을 증여할 수 있으므로 **일찍 시작할수록 세금 부분에서 효과를 볼 수 있다.**

사전증여 제도

9장 은퇴자금 준비하기

호모 헌드레드라는 말은 100세에 가까운 나이에도 젊은이들 못지않은 건강한 활력을 가진 이들을 일컫는 신조어다. 어느새 우리는 100세 시대를 살고 있다. 《타임》지는 2015년 지금 태어난 아기들은 142살까지 산다는 기사를 게재한 바도 있다. 단순한 추측이 아닌 최근 실험 결과 및 추세를 볼 때 가능한 수치여서 기대와 걱정이 동시에 드는 이야기이다. 실제로 구글 공동창업자인 세르게이 브린은 인간 유전자와 흡사한 예쁜 꼬마 선충을 통해 생명 연장 실험에 성공했다고 밝힌 바 있다.

이렇듯 100세 시대는 준비된 자들에게는 축복일 것이고 준비되어 있지 않는 자들에게는 재앙이 될 수도 있다.

일본에서 저술된 『노후파산』이라는 책을 보면 노후 준비가 되지 않는 장수의 악몽에 대해서 언급을 하기도 하였고, 『보도 섀퍼의 돈』이라는 책에서는 인생 5대 자산 중 은퇴 자산이 마련되었을 때 비로소 경제적 자유를 얻을 수 있다고 말하고 있다.

인생 필수 5대 자금 중 은퇴 자산은
선택이 아닌 필수가 되었다.

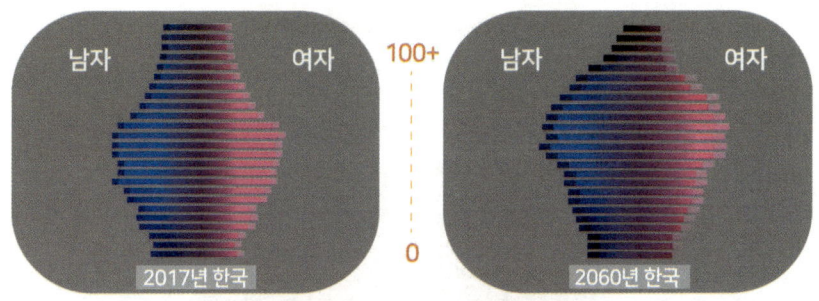

대한민국 인구구조 변화

그러면 은퇴자산을 어떻게 준비해야 하는지 알아보자.

은퇴 설계 시 고려해야 하는 사항 5W1H(육하원칙) 내용을 참고하여야 한다. 우선 은퇴 설계가 왜 필요한지 어디서, 누구와 살 것인지, 은퇴 후 사회생활 활동을 어떻게 할지 등 다양한 계획을 수립해야 한다. 그리고 나서 그 삶에 필요한 자금계획을 수립하는 것이 중요하다.

WHAT 어떤 노후를 **보내고 싶은가**

WHEN 언제 **은퇴하고 싶은가**

WHERE 은퇴 후 **어디서 살고 싶은가**

WHY 은퇴준비는 **왜 필요한가**

HOW 은퇴 준비는 **어떻게 할 것인가**

WHO 은퇴 후 **누구와 살 것인가**

은퇴 설계 시 고려 사항

현금흐름으로 계산한 은퇴자금 준비

은퇴설계 자금계획을 수립할 때 크게 두 가지 방법이 있다. 하나는 재무계산기를 통한 은퇴자금 계산방식이고, 다른 하나는 4층 연금을 활용한 현금흐름방식이 있다.

4층 연금이란, 국민연금, 퇴직연금, 개인연금, 주택연금을 의미한다.

4층 연금을 활용한 현금흐름방식이란, 월 희망 연금 수령액에서 예상 국민연금수령액과 퇴직연금수령액, 주택연금 수령액을 차감한 개인연금 필요 자금을 계산하는 방식으로, 간단히 은퇴자금을 계산할 수 있는 장점을 가지고 있다.

국민연금 예상 수령액은 국민연금 홈페이지에서 확인할 수 있으며, 납부 기간 및 현재 소득을 대입하면 예상 국민연금 수령액 조회가 가능하다. 국민연금은 물가 상승률을 반영하여 지급액이 조절되며, 평생 지급되는 장점을 가지고 있다.

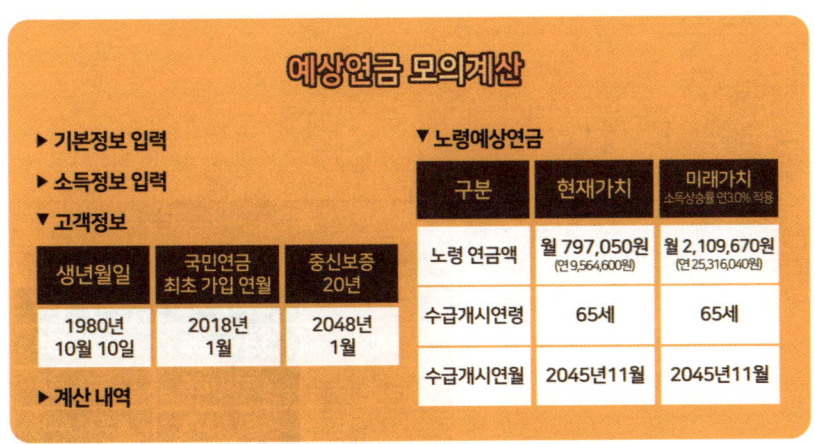

국민연금 예상 연금 알아보기

퇴직연금 예상 수령액은 **고용노동부 홈페이지를 통해 계산**할 수 있으며, **월 수령액은 회사 홈페이지 데이터 자료**에서 제공하고 있다. 퇴직연금 가입을 의무화하기 위한 제도를 마련 중이며, 2012년 7월 26일에는 근로자 퇴직급여 보장법을 개정 시행하면서 **기존 퇴직연금제도를 강화**하기도 하였다. 그리고 DC, DB 형태가 아닌 IRP 가입 시 세금 혜택을 추가적으로 지급함으로써 퇴직연금 가입 활성화를 추진하고 있다.

국민연금, 퇴직연금 조회

퇴직 시 금액	남자	
	중신보증10년	중신보증20년
8천만	3,503,543	3,441,053
9천만	3,941,486	3,871,185
1억	4,379,428	4,301,316
1억 1천만	4,817,371	4,731,448
1억 2천만	5,255,314	5,161,579

퇴직연금 수급 예시표 (2.5% 공시이율 적용)

주택금융공사 예상연금 조회

주택연금 예상 수령액은 **한국주택금융공사 홈페이지를 통해 확인**할 수 있다. 주택연금은 '역 모기론'이라 불리는 연금 형태로서 자신의 집을 담보로 연금을 수령한다. 주택을 담보로 연금을 수령받지만 안정적으로 거주가 가능하며 주택가액이 5억 원 이하일 경우 재산세 등 할인 혜택을 부여받을 수 있다. 또 연금을 수령하다가 배우자가 사망하더라도 연금액은 감액되지 않고 그대로 지급되며, 주택 가격 대비 연금액이 많더라도 차액을 상속인에게 청구하지 않는 장점을 가지고 있다. 이렇게 **각 공단 및 협회를 통해 4층 연금에 대한 예상금액을 계산하여 필요자금에 대비하면 필요한 개인연금 준비액이 산출된다.**

10장 재무계산기 활용

재무계산기를 활용하면 재무설계를 할 때 정확한 자금 및 필요 기간, 수익률을 예측할 수 있다.

따라서 재무계산기 활용을 통해
전문적인 재무설계를 진행할 수 있다.

재무계산기는 종류별로 다양하지만 주로 텍사스 인스투르먼트에서 만들어지는 BAⅡ(비에이투) 플러스 제품을 많이 사용하고 있다. 재무 계산기는 기본적인 계산기와 형태 및 배치가 다르기 때문에 사용법에 대해서 먼저 알아야 한다. 재무계산기는 On/Off 키와 CE/C 키가 다른 계산기와 달리 따로 분리되어 있다. On/Off 키는 재무계산기를 작동하는 키이며 CE/C 키는 새로운 계산을 할 때 이전 계산을 초기화하는 키이다. 2nd(세컨드) 키는 다 양한 계산을 위해 재무계산기 기본 키패드 위에 작은 글씨로 쓰여진 기능을 활용할 때 사용하는 키이다.

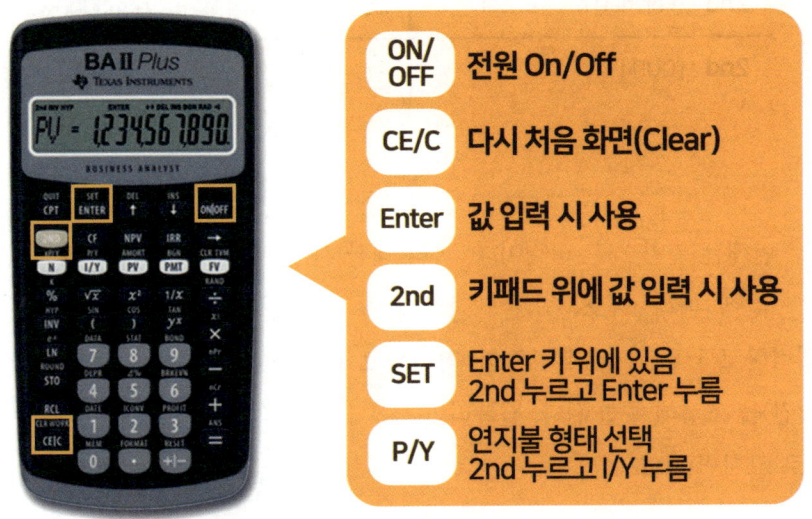

재무계산기(BA II - PLUS) 이해 및 기본 설정

재무계산기를 사용하기 전에 크게 세 가지를 설정할 수 있다.

첫 번째는 **소수점 조정**이다. 일반적으로 소수점이 2자리로 되어 있는 경우가 많은데 **경우에 따라 소수점을 조정해야** 한다. 소수점 조정을 하기 위해서는 2nd 키를 입력하고 '.(점)' 키 위에 Format이라고 되어 있는 키를 누르고 나서 지정할 소수점 자리를 숫자로 누른 뒤 Enter를 입력하면 된다.

소수점 표시

Press			Display	
2nd	[Format] 4	Enter	DEC =	4.0000
2nd	[QUIT]			0.0000

두 번째는 **복리 계산 방식**이다. 복리 계산 시 **월복리로 하느냐 연복리로 하느냐**에 따라 나오는 **값이 다른데** 복리를 설정할 때는 2nd 키를 입력하고 I/Y 키 위에 P/Y를 입력하고 화살표를 조정하여 C/Y(복리 기간)을 조정해 주면 된다. 월복리인 경우 12로 고치고 3개월 복리인 경우 4로 고치면 된다.

복리계산(Compound Interest)

Press			Display	
2nd [P/Y] 1	Enter		P/Y =	1.0000
↓			C/Y =	1.0000
2nd [QUIT]				0.0000

세 번째는 **월초 또는 월말 납입**이다. **월초 납입**인 경우 2nd를 입력하고 PMT(BGN)를 누른 뒤 화면에 BGN이 뜨면 설정된 것이다. **월말 납입**으로

변경할 경우 2nd를 입력하고 Enter(SET)를 입력하면 BGN이 END로 변경된다.

기시급 ○ 기말급

Press	Display
2nd [BGN]	END
2nd [SET]	BGN
CE/C	0.0000

간단하게 재무계산기 사용법에 대해서 알아봤다.
이제 재무계산기 활용법에 대해서 알아보자.

은퇴설계, 재무설계, 보험설계, 부동산설계, 투자설계 등 사례형에서 '화폐의 시간가치(TVM,Time Value Of Money)'가 매우 중요하게 쓰이므로 규칙을 알고 재무계산기를 활용한다면 많은 도움이 될 것이다.

$$PV = \frac{FV}{(1+i)^n}$$

할인율(Discount Rate)
미래가치를 현재가치와 같게 만드는 적절한 값(수익률)

PV = 현재가치   i = 할인율
N = 연수(기간)   FV = 미래가치

화폐의 시간가치

재무계산기는 화폐의 시간가치를 파악하는 것으로 볼 수 있다. 은퇴설계 및 투자설계, 보험설계 등은 현재가치와 미래가치 파악하는 것인데 시간가치란, 현재와 미래 가치 사이의 괴리를 수익률과 물가 상승률로 파악하여 정확한 자금 도출을 하는 것이다. 현재가치는 미래가치를 일정한 할인율로 나눈 것이다. 이를 다르게 표현하면 미래가치는 현재가치에서 일정한 수익률로 곱한 것으로 본다는 의미인데, 여기서 포함되는 수익률 및 할인율에는 금융상품을 통한 기대수익률과 물가 상승률 등이 있다.

재무계산기를 통해 재무설계를 하기 위해서는 재무계산기 키패드를 조금 더 알아야 한다. N은 넘버의 약자로 납입횟수를 의미하고 I/Y는 Interest Per Year 로 연기대수익률, PV는 Present Value로 현재가치, FV는 Future Value로 미래가치를, PMT는 Payment로 월 납입금액을 의미한다.

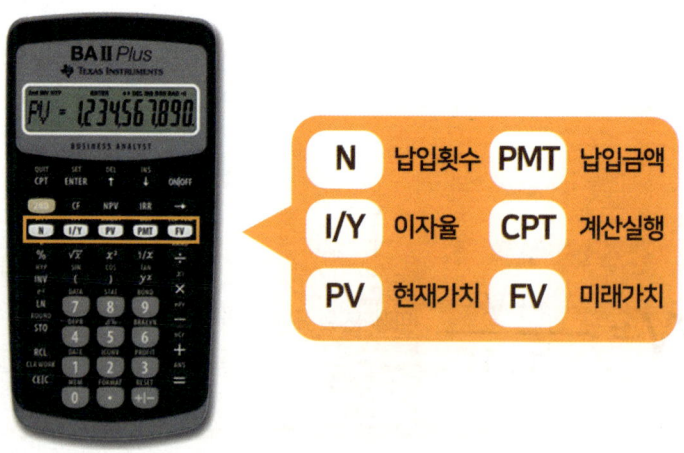

재무계산기 활용 시

그럼 목표 기간을 한 번 계산해보자.

만약 목표 자금이 1억 원이고 연 기대수익률이 5%에 매달 50만 원씩 납입한다고 했을 때 얼만큼의 기간이 필요한지 계산해보자.

이때는 pmt를 50으로 입력하고 이자율은 5/12로 입력한다. 이는 연 수익률을 월로 입력하기 위함이다. 그리고 목표 자금 1억 원을 넣은 뒤, 'CPT(컴퓨트)+N'을 누르면 목표 기간이 나오게 된다.

두 번째로 목표수익률을 계산해 보자.

목표수익률은 똑같은 방식으로 나머지 값은 동일하게 누른 다음 마지막 I/Y를 입력하면 된다. 목표수익률이 나오면 그 수익률에 알맞은 금융상품을 선택하면 된다.

목표수익률 정하기

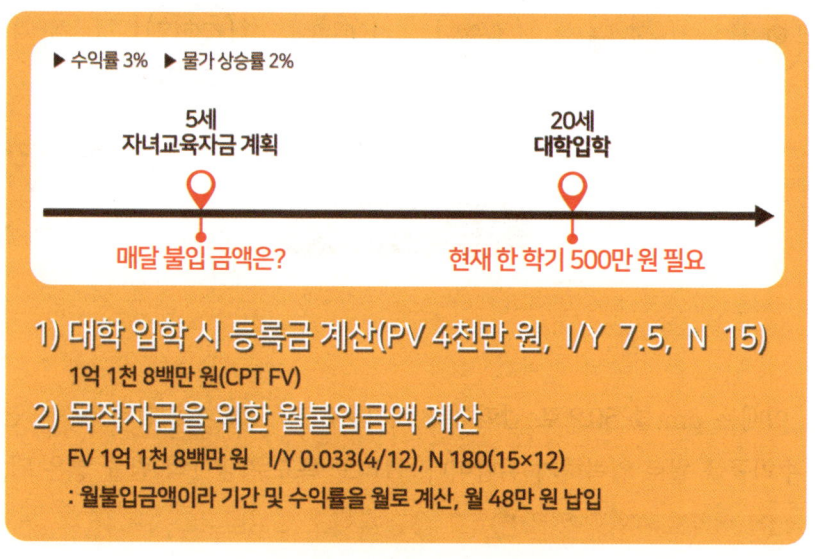

1) 대학 입학 시 등록금 계산 (PV 4천만 원, I/Y 7.5, N 15)
   1억 1천 8백만 원(CPT FV)
2) 목적자금을 위한 월불입금액 계산
   FV 1억 1천 8백만 원   I/Y 0.033(4/12), N 180(15×12)
   : 월불입금액이라 기간 및 수익률을 월로 계산, 월 48만 원 납입

재무계산기 활용법

자녀교육자금 마련 설계를 해보자.

현재 5세인 자녀를 둔 부모가 연간 1천만 원(한 학기당 500만 원) 등록금이 소요되며, 대학등록금 인상률이 7.5%이며 금융상품의 기대수익률이

4%라고 가정했을 때 매달 불입해야 하는 금액이 얼마인지 계산해 보자.

먼저 대학 입학 시 총 필요한 등록금 4천만 원의 미래가치를 구한다. 4천만 원을 PV로 입력하고 수익률(I/Y)을 7.5%, 기간(N)을 15년으로 하면 필요한 자금은 1억 1천800만 원(FV)이 나온다. 이를 준비하기 위해 4% 금융상품으로 운영한다고 가정한다면 FV에 1억 1천800만 원을 입력하고 수익률(I/Y)을 '4÷12'로 한 0.033을 입력하고, 기간(N)을 월 단위로 나눈 180(15년×12달)을 입력한다. 그리고 CPT+PMT를 입력하면 필요한 월 불입금액 48만 원이 산출된다.

1. 이기는 투자
2. 지키는 투자
3. 좋은 주식 찾기
4. 아주 쉬운 기술적 분석
5. 채권의 이해
6. 좋은 펀드 찾기
7. 왜 변액보험인가?
8. 변액보험의 옵션기능
9. 변액보험 수익률 관리 비법

1장 이기는 투자

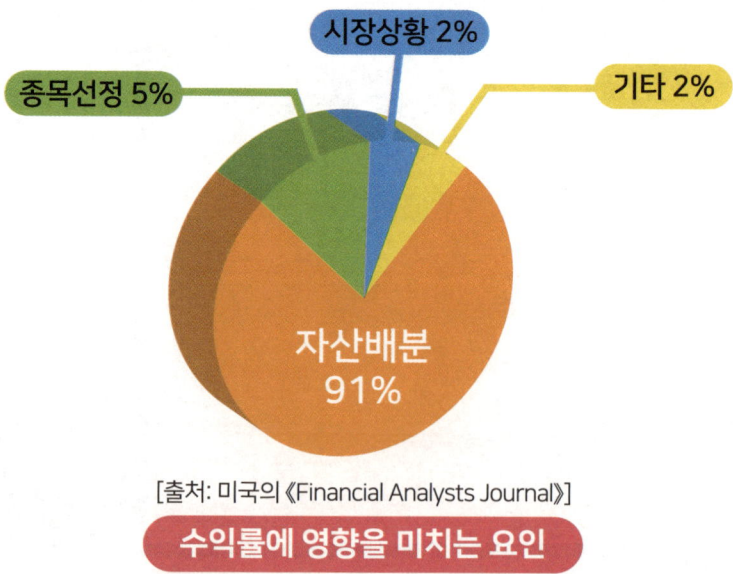

[출처: 미국의 《Financial Analysts Journal》]

수익률에 영향을 미치는 요인

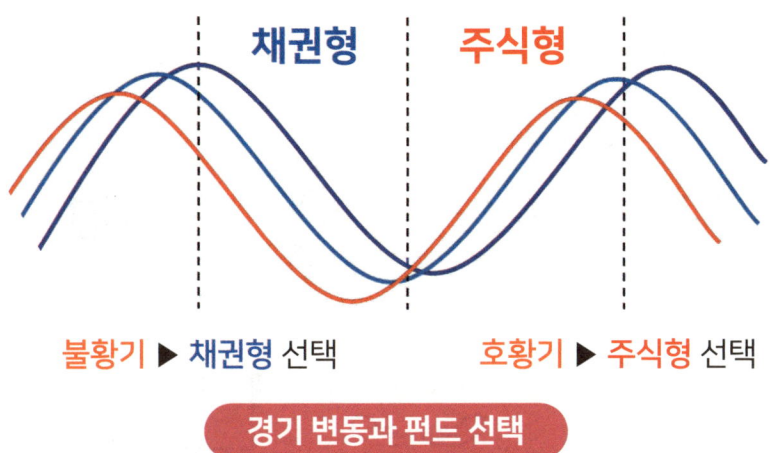

주식이나 펀드 등 투자상품을 현명하게 매수하는 방법이 있을까?

미국 《Financial Analysts Journal》에 의하면 자산을 성공적으로 관리한 부자들을 대상으로 좋은 수익률을 달성할 수 있었던 비결을 조사하니 91%가 자산배분이라는 답을 했다고 한다.

그들은 우량종목을 잘 선택한 것도 아니고 운이 좋아 시장상황이 따라준 것도 아니었다. 시장상황을 잘 파악하여 주식을 매입하면 좋을 때와 채권상품을 매입하면 좋을 때 자산배분을 잘했던 것이다.

그들의 말을 쉽게 풀이하면 주식을 살 때와 채권을 살 때를 정확히 알았다는 것인데 주식을 살 때와 채권을 사야 할 때가 언제일까?

주식을 매입하기 좋은 시장환경은 경기가 좋은 호황기이며, 채권을 매입하기 좋은 시장환경은 경기가 좋지 못한 불황기이다. 말은 너무 쉽지만 막상 경기가 호황이라서 주식을 매입하려 하면 주식 가격이 엄청 높아져 있으므로 실질적으로는 주식을 매입하기에 부담스러운 것이 현실이다.

그러면 언제 주식을 매입해야 하는 것일까?

주식 가격에 영향을 미치는 경제지표들은 너무나 많다. GDP, 환율, 금리, 원자재 가격, 통화량, 외국인 매수 등 경제에 대해서 잘 모르는 사람들이라면 이해 자체를 포기하고 싶어질 정도로 어려운 내용들이 많이 포함되어 있는 것이 사실이다.

그럼 간단하게 주식을 매입할 때를 알려주는 신호가 없을까?

지금 바로 그 이야기를 하고자 한다.

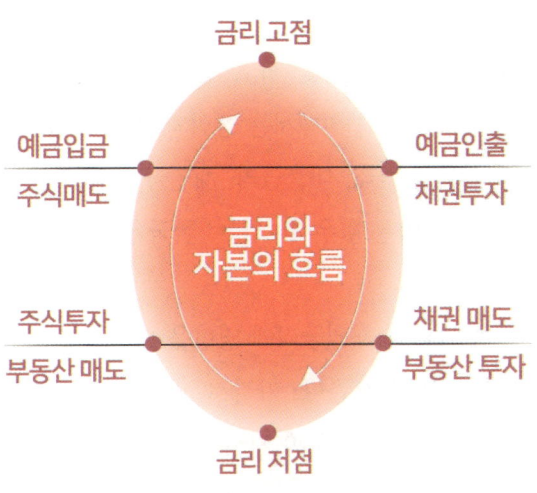

코스톨라니 달걀 이론

[금리 방향 사전 예고]

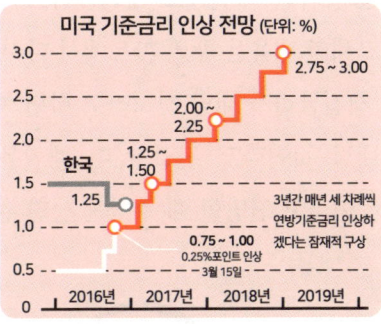

[금리 방향 지속성]

금리의 특징

　코스톨라니 달걀 이론만 알면 주식을 매입할 때와 채권을 매입할 때를 파악할 수 있다.

　코스톨라니는 영국의 펀드 매니저로서 다음과 같은 이론을 발표했다. 금리 상황은 사이클을 따라 순환하는데, 금리가 고점을 찍고 하락할 때는 채권을 매입하고 금리가 저점을 찍고 상승할 때는 주식을 매입하라는 것이다. 이 이론을 설명하기 위해서는 금리와 채권에 대한 약간의 이해가 필요하다. 금리란 은행 금리, 대출금리, 채권금리 등 다양하게 표현될 수 있지만, 여기서는 중앙은행(우리나라는 한국은행)에서 발표하는 기준금리로 정의하겠다.

 기준금리는 은행 금리와 채권금리에 영향을 미친다. 기준금리가 오르면 채권금리와 은행 금리가 오른다. 따라서 채권금리는 기준금리 상승 및 하락과 직접적인 관계가 있는데, 여기서 알아둬야 하는 것이 채권 가격이 어떻게 결정되는가이다.

 채권 가격은 채권금리와 상반관계에 있어 채권금리가 오르면 채권 가격은 하락한다. 반대로 채권금리가 내리면 채권 가격은 오른다. 이와 관련한 자세한 내용은 채권 파트에서 다시 다루기로 하겠다.

 채권금리가 내릴 것이라고 하면 채권 가격이 오를 수 있으니 채권금리가 내릴 것이라고 전망할 때 채권을 사면 되고 반대로 채권금리가 오를 것이라고 전망할 때 주식을 사면 된다.

채권가격은 채권금리와 역(-) 관계이다.

 그런데 의문이 드는 것이 있다. 주식을 쉽게 예측하려면 금리를 또 예측해야 한다는 것인데 금리 예측이 쉬운 것일까? 또한 금리를 올렸다가 그다음 달에 금리를 내리면 주식을 샀다가 채권을 샀다가 해야 된다는 것인가? 간단히 결론부터 말하자면 금리 관련 내용은 금융통화위원회를 통해 거의 주기적으로 발표되며 금리 인상이나 인하 관련 전망을 사전에 통보하고 있다. 따라서 누구나 쉽게 금리 방향을 예측할 수 있으며, 한 번 결정된 금리 정책은 지속성을 가지기 때문에 자산 배분 선택을 자주 하지 않아도 된다.

이제 금리를 통해 주식 매입 시기와 채권 매입 시기 파악하는 법을 알게 되었다.

[2장 지키는 투자]

 최근 예능 프로그램을 보면 셰프들의 인기가 매우 높다. 셰프들의 요리 장면을 보면서 누구나 따라 한 경험이 있을 것이다. 그런데 막상 해보면 쉽지가 않다. 셰프들의 쉬운 요리 과정도 본인이 직접 해보면 칼질부터 쉽지가 않다. 필자는 주식투자가 셰프의 칼과 같다는 생각이 들었다. 처음부터 칼질을 잘하는 사람은 아무도 없을 것이다. 준비가 되지 않은 상태에서 주식투자를 한다고 하면 그건 어린아이가 칼을 가지고 요리를 하는 것에 비유할 수 있을 것이다.
 주식 및 투자 상품을 선택하는 이유는 자신이 원하는 목표 자금을 달성하기 위한 수단으로 이용하기 위해서이다. 그런데 아무 지식과 준비가 되어 있지 않다면 어린아이가 쓰는 칼과 다를 것이 없다. 하지만 사전 준비와 지식을 쌓는다면 주식을 셰프들의 칼처럼 유용한 도구로 사용할 수 있을 것이다.

주식투자를 할 때 수익을 내는 것보다 중요한 것이 있다면
그것은 바로 지키기 전략이다.

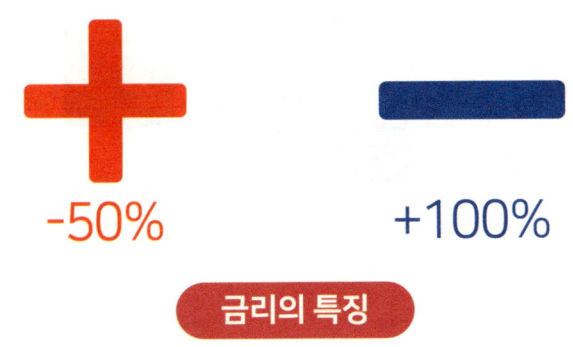

금리의 특징

주식투자를 시작할 때 1천만 원을 들고 있었는데 2배 수익(100% 수익)이 나서 2천만 원이 된 사람이 있다. 그가 얼마 손실을 보면 원금이 되는가?

-50% 손실을 보면 원금이 된다.

반대로 1천만 원을 가지고 있는 사람이 50% 손실을 봐서 500만 원이 되었을 때 원금을 회복하려면 몇 프로 이익을 봐야 하는가?

+100% 수익이 나야 한다.

투자에서는 +100% 수익과 -50% 손실이 통계학적으로 같은 효과를 가져온다. 또한 심리학자들이 분석한 결과 '수익이 날 때보다 손실을 볼 때 2배 이상의 허탈감을 갖는다'라고 한다. 따라서 투자함에 있어 수익보다 손실을 더 중요하게 생각해야 한다.

지키는 투자를 위해서 3가지 원칙을 알고 있어야 한다.

1. 소문에 사고 뉴스에 팔아라

첫 번째 원칙은 소문에 사고 뉴스에 팔라는 것이다.

 주식투자를 할 때 얼마나 많은 사람이 그 이야기를 알고 있는지가 중요하다. 주식투자는 제로섬 게임이다. 제로섬 게임이라 하면 '수익을 보는 사람과 손해를 보는 사람의 수익과 손해 총량이 서로 같다'라는 이론이다. 제로섬 게임으로 주식투자를 이해하면 여러 사람들이 주식시장이 상승할 것으로 예측하여 주식을 매수를 했다는 가정하에서는 수익을 기대하기 어렵다는 결론이 나온다. 이는 주식시장을 대부분 상승할 것으로 예측하고 실제로 주식이 상승했다 하더라도 손실을 보는 사람이 거의 없기 때문에 수익 총량이 크지 않아 수익이 발생하기 어렵다는 이론이다.

 이는 '주식시장이 좋지 않을 때 주식을 매입할 경우 수익을 많이 낼 수도 있다'라고 해석할 수 있다. 아무도 사지 않는 주식을 매입했기 때문에 수익이 날 경우 많은 수익을 거둘 수 있다.

 그렇다고 무조건 주식시장이 좋지 않다고 할 때 주식을 사라는 말은 아니다. 그럴 때 주식을 사면 추가하락으로 손실을 볼 수도 있기 때문이다. 주식시장이 좋지 않을 때 주식을 언제 매입하면 좋은지 알려면 거래량을 살펴보면 된다. 거래량이 급격히 줄어드는데 주식시장이 반등도 추가하락도 하지 않는다면 주식시장에 대한 관심과 기대가 많이 떨어져 있다고 볼 수 있다. 이럴 경우 주식시장이 상승할 거라고 보는 사람이 많지 않지만 시장 예측과 달리 주식이 반등하면 큰 수익을 달성할 수 있다.

이를 투자에 있어 역발상 투자라고도 정의한다.

2. 손절매 잘하기

주식의 현 시세가 매입가격보다 낮은 상태에서, 향후 주가 상승이나 하락에 대한 기대와 상관없이, 사전에 정해진 수준에서 손실을 보고 주식을 매도한 후 관망하는 투자 기법

두 번째 원칙은 손절매를 잘해야 된다는 것이다.

손절매는 본인 예측과 달리 주식 손실이 발생한 경우 손해를 보고 매도하는 데드라인이다. 그런데 손해 보고 팔기가 말처럼 쉽지 않다. 얼마큼 손해를 보고 팔아야 할지 혹시나 자신이 팔고 나면 오르지 않을지 여러 생각이 든다. 하지만 손절매를 잘해야만 진정한 '지키는 투자'를 할 수 있다. 손절매를 잘하려고 하면 제일 먼저 목표수익률을 정해야 한다.

목표수익률이 있어야 손절매 라인을 정할 수 있다.

자신이 주식투자를 하면서 정한 목표수익률이 10%인데 손절매 라인이 -20%라 하면 시작부터 이길 수 없는 투자 전략인 것이다. 정확한 손절매 라인은 없지만 목표수익률보다 낮은 수준에서 손절매 라인을 잡는 것이 현명하다고 할 수 있겠다. 만약 목표수익률이 10%라 하면 손절매 라인을 -5% 수준으로 정해서 매매를 할 경우 수익이 나면 10%, 손실이 나면 5%

이니 반반의 확률이라 할 경우 나쁘지 않은 거래인 것이다.

> **3. 종목을 자주 바꾸지 않기**

$$\Sigma_k^n = (수익 날 확률)^n = 0$$

90%   90%   90%   90%
   81%   73%   65%

매매를 많이 할수록 수익 확률은 점점 낮아짐

세 번째 전략은 종목을 자주 바꾸지 말라는 것이다.

투자의 귀재 워렌 버핏은 투자를 하면 최소 수년간 종목을 보유하기로 유명하다. 말 그대로 장기투자자이다. 그런데 주변에 주식투자를 통해 수익을 내려는 경우 짧은 시간에 수익을 내기를 원하는 이가 많다. 하지만 짧은 시간에 수익을 내겠다는 자체가 지키는 투자의 원칙을 깨는 행동이다. 주식 매매를 자주하는 데이트레이더나 스캘퍼 등의 주식투자 성공확률이 낮은 이유는 확률의 함정 때문이다.

확률 함정은 똑같은 확률로 매매를 한다고 하더라도
자주 매매하면 결국 수익 확률이 0에 가까워진다는 것이다.

정말 투자 능력이 뛰어나 성공할 확률이 90%라고 가정해 보자. 이 투자자가 연속 두 번 투자해서 성공할 확률은 90×90인 81%이다. 만약 세 번 연속 성공할 확률은 73%이고 이걸 여러 번 하면 손실을 볼 수밖에 없게 된다.

지키는 투자 원칙 3가지를 정확히 이해해서 주식이라는 유용한 도구를 잘 사용하길 바란다.

3장 좋은 주식 찾기

전설적인 투자 고수

주식을 선택할 때 전문가에게 맡기는 것이 좋을까요?
아니면 본인이 직접 운용하는 것이 좋을까요?

많은 사람들이 '어떤 전문가에게 맡기느냐에 따라 다르다'라고 대답할 것이다. 만약 아주 뛰어난 전문가에게 맡기면 나는 주식에 대해서 잘 몰라도 되는 것일까?

 미국의 투자 귀재인 피터 린치는 1977년부터 1990년까지 마젤란펀드를 운영하면서 2700%라는 경이적인 수익률을 달성하였다. 매년 30% 넘는 수익률을 달성했는데, 피터 린치는 자신의 은퇴식 때 마젤란 펀드에 투자한 사람 절반 이상이 손실을 봤다고 대답했다.

2700%라는 경이적인 수익률을 달성한 펀드에 투자를 했는데도 손실을 봤다고 하면 그 책임은 누구에게 있는 것인가?

 아무리 유능한 투자 전문가에게 맡겼다 하더라도 비싸게 사서 싸게 팔면 손해를 보게 되어 있다. 아마 이 펀드에 투자한 대부분은 투자에 대해서 잘 모르는 사람이었을 가능성이 높다. 결국 아무리 유능한 펀드매니저에게 펀드 운용을 맡기더라도 본인의 투자 철학 및 지식이 없으면 손실을 볼 수 있다는 것을 알아야 한다.

그러면 좋은 주식을 찾는 방법에는 어떤 것이 있을까?

 여러 주식 관련 지표 중 대표적인 3가지를 이야기하겠다.

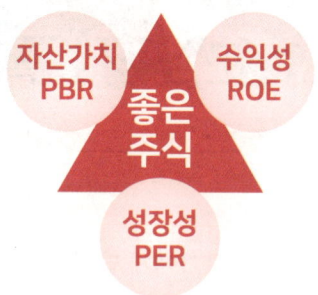

첫 번째 PER(주가수익비율)
두 번째 PBR(주가순자산비율)
세 번째 ROE(자기자본수익률)

첫 번째 성장성을 나타내는 'PER'은 주가수익비율이다.

주가를 주당 순이익으로 나누는 지표인데 만약 주식가격이 1만 원이고 주당 순이익이 1천 원이라고 하면, 이 경우 PER은 10배가 된다. 'PER 10배'란 말은 주식에 1만 원 투자했는데 매년 1천 원씩 수익이 발생한다는 말이고 자신이 투자한 금액을 이익으로 회수할 수 있는 기간은 10년이 소요된다는 것이다. 만약 PER이 5배라 하면 투자한 금액을 이자로 회수할 수 있는 기간은 5년이라는 뜻이다. 따라서 이론상 PER이 낮은 저PER 주가는 좋은 주식이라 할 수 있고, 보통 PER이 10배 미만일 경우 좋은 주식으로 생각할 수 있다.

두 번째 자산 가치를 나타내는 주가순자산비율 PBR은 주식가격을 주당 순자산 가격으로 나눈 지표이다.

만약 주가가 1만 원이고 주당 순자산이 1만 원이라고 하면, 이 경우 PBR은 1배가 된다. 일반적으로 주식 가치에는 유형자산 가치와 무형자산 가치가 합산되므로 자산 대비 주식가격이 높아야 정상적인 것이라고 볼 수 있는데 시장 악재 등으로 주가가 많이 하락하여 PBR이 1배 미만이라고 하면 주가가 자산 가치 대비 저렴하다고 판단할 수 있다.

세 번째 수익성을 나타내는 지표는 ROE로, 자기자본수익률이다.

주식을 투자하면서 기대수익률이 10%라고 할 때 ROE가 10%인 주식을 찾으면 된다. ROE는 실제 발생한 수익률로서 ROE가 높을수록 좋은 성과를 낸 기업이라고 할 수 있다.

이렇게 PER, PBR, ROE를 통해서 좋은 주식을 찾을 수 있는데, 필자는

PER 10배 미만, PBR 1배 미만, ROE 10% 이상인 기업을 선호하는 편이다.

필자는 세 가지 조건을 다 충족하는 주식일수록 좋은 주식이라 평가한다. 관련 지표는 증권회사 HTS(홈트레이닝시스템)이나 에프엔가이드 상장기업분석 홈페이지를 통해서 확인할 수 있다.

1. 정부의 독점허가 ex) 전력사업, 도시가스업, 수도사업, 방송업
2. 장기적인 특허권과 저작권 ex) 음악, 신약, 기술료
3. 어떤 지속적인 우위에서 나온 비용상의 이점 ex) 시멘트사업, 이마트
4. 고객의 기호와 습관 ex) 신라면, 담배, 박카스, 초코파이
5. 높은 시장점유율 덕분에 생긴 규모의 경제 ex) 박리다매 제품
6. 4번, 5번이 결합한 형태의 가장 강력한 프랜차이즈

1. 시장 지배력(프랜차이즈 밸류)

배당주를 선택해야 하는 이유

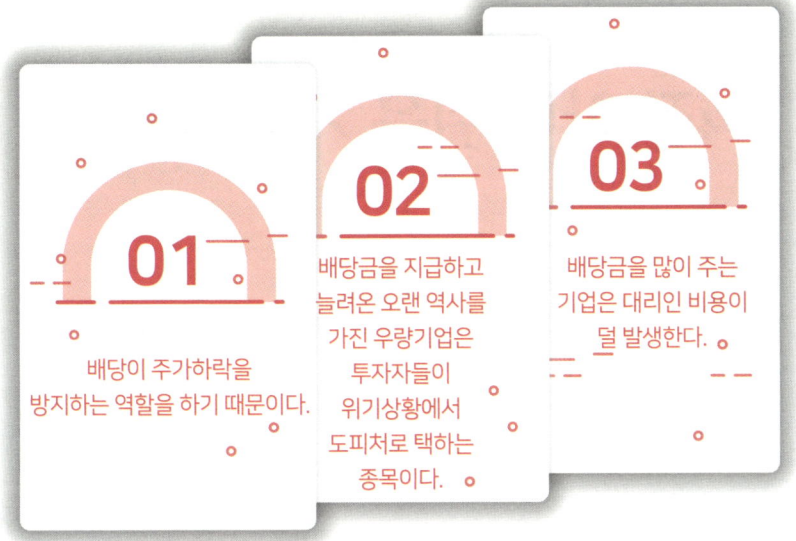

01 배당이 주가하락을 방지하는 역할을 하기 때문이다.

02 배당금을 지급하고 늘려온 오랜 역사를 가진 우량기업은 투자자들이 위기상황에서 도피처로 택하는 종목이다.

03 배당금을 많이 주는 기업은 대리인 비용이 덜 발생한다.

2. 가치투자자들은 배당을 좋아한다

손수건 정중앙을 잡고 들어올리면 가운데만 가장 많이 올라온다. 주식도 이와 마찬가지이다. 그 업종이 어떤 뉴스로 인해 상승하게 되면 그 업계 대장주 위주로 상승하는데 사람들은 많이 오른 종목을 사는 것을 꺼려 하고 상대적으로 안 오른 종목을 선택하려고 한다. 하지만 대장주만 많이 더 많이 상승하게 되고 2위, 3위 업체들의 상승은 대체로 적은 편이다.

3. 손수건 이론(대대주 매매)

[4장 아주 쉬운 기술적 분석]

매집 : 주가가 움직이기 전 모습을 하단 부분에서 큰 변동 없이 움직이는 모습을 보임
상승 : 주가가 우상향하면서 꾸준히 오르는 모습을 보임
과열 : 상승 이후 매우 가파르게 상승하는 모습. 투기심리가 붙는 시기임
분산 : 과열 이후 주가가 하락 반전하는 모습. 몇 번의 페이크가 발생 하기도 함
공포 : 급격히 하락하는 모습. 불안심리가 반영됨
침체 : 매집과 비슷한 모습으로 투자자들이 주식을 포기하는 심리로 거래량도 많이 줄어듦

모든 경기는 순환한다.
경기 심리를 파악하여 투자 여부를 결정한다!

1. 심리 분석

 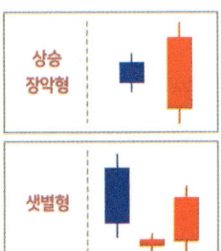 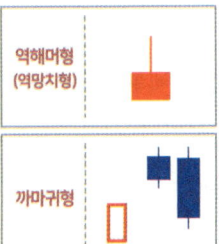

2. 패턴 분석

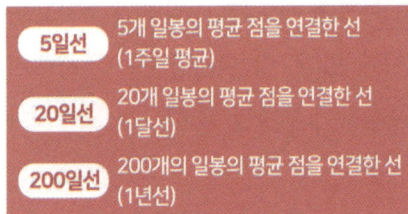 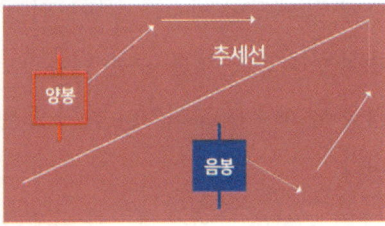

3. 추세 분석

주식투자를 할 경우 PER, PBR, ROE 등을 통해 기업의 가치를 평가하고 저평가 여부를 판단하는 것을 기본적 분석이라 한다. 그런데 기본적 분석을 아무리 잘했다 하더라도 주식을 매입한 이후로 주가가 하락하면 손해를 보게 된다. 그만큼 주식을 언제 사는지도 매우 중요한데 기본적 분석 이후 주식의

매매 타이밍을 잡을 때는 기술적 분석이 필요하다.

기술적 분석은 내용이 상당히 많지만 이 책을 통해 간단하면서 중요한 내용을 설명하고자 한다.

기술적 분석을 크게 심리분석, 패턴 및 캔들 분석, 추세분석으로 나눌 수 있다. 필자는 기술적 분석을 심·패·추생술이라 부른다. 심·패·추생술을 알면 응급환자에게 위기 시 매우 중요한 심폐소생술처럼 투자자들의 주식

운영에 매우 중요하게 작용할 것이라고 생각하기 때문이다.

심리 분석은 앞서 기본적 분석에서도 말했듯이 제로섬 게임을 잘 이해해야 한다.

다우이론에 따르면 시장 국면은 순환하는데 순환하는 시기를 심리적으로 분석해 보면 매집, 상승, 과열, 분산, 공포, 침체 6단계로 구분한다. 일반 투자자가 주로 투자한 시기를 살펴보면 과열 국면에서 매수하였고 주로 환매 및 매도한 시기를 살펴보면 공포 시기에 매도한다. 일반 투자자들이 주식을 하면 손해를 보는 이유가 여기에 있다. 많은 사람들이 투자하지 않을 때 매수를 고려해야 하며 많은 사람들이 투자할 때 매도를 고려해야 한다.

패턴 분석은 잘생긴 주식과 못생긴 주식을 이해하는 것이다.

누가 봐도 잘생긴 주식 차트가 출현하면 주식이 반등할 가능성이 높아진다. 그런데 이런 차트를 알지 못하면 출현하더라도 주식을 사야 하는지 감이 안 설 수도 있다. 잘생긴 차트들은 상승 장악형, 샛별형, 망치형, 삼중바닥 패턴 등 종류가 다양하다.

추세 분석은 말 그대로 시장 추세를 이해하는 것이다.

주인이 여러 마리 개들과 산책한다고 가정해 보자. 개들이 산책하는데 기분이 좋아 이리저리 마음대로 돌아다니는 것처럼 보이지만 결국은 개들의 목에는 목줄이 걸려 있고, 개들은 주인이 가는 방향대로 가게 되어 있다. 추세라는 것이 결국 이런 것이다. 따라서 추세를 파악하는 것이 매우 중요하다. 시장 추세가 하락세인데 주식을 투자하는 것은 결국 밑 빠진 독에 물 붓기가 된다. 시장 추세가 상승세인지 하락세인지 보합세인지 파악해야 하는데, 추세를 이해하려면 이동평균선을 알아야 한다. 이동평균선은 각 일봉차트를 연결한 선으로 5개 일봉차트를 연결한 선을 5일 이동평균선, 20개 일봉차트를 연결한 선을 20일 이동평균선, 200개 이동평균선을 연결한 선을 200일 이동평균선이라 한다. 5일 이동평균선은 일주일 추세를 파악할 수 있으며, 20일은 한 달 추세, 200일은 일 년 추세를 파악할 수 있다.

5장 채권의 이해

 펀드 및 변액보험 등 투자 상품을 운영할 때 대표적인 투자 상품은 주식과 채권으로 나뉜다. 따라서 채권이 어떻게 운용되는지 이해하는 것은 투자 상품 관리에 있어 매우 중요하다.

 채권은 운용하는 정부, 공공단체, 기업 등이 비교적 거액의 자금을 일시에 조달하기 위한 차용증서이다. 기업에 자금이 필요하면 채권과 주식을 발행하여 회사 자금을 확보할 수 있다. 회계 용어로 주식을 통해 유입된 자금은 자기자본이라 하고 채권 발행을 통해 유입된 자금을 타인자본 (부채)이라 한다.

그런데 만약 기업이 어려움에 처해 도산 위기에 직면했다면 기업의 남은 자금은 채권자와 주주, 둘 중 누구에게 먼저 상환해야 할까? **정답은 채권자이다.** 채권자는 말 그대로 채무를 변제해야 하는 대상이고 주주는 그 회사의 주인이기 때문이다. 종합해 보면 채권은 주식보다 먼저 채무 변제 의무를 가지므로 투자자가 가질 수 있는 발행 주체의 채권 및 주식을 비교해 보면 채권이 주식보다 상대적으로 안전한 투자 상품이라고 볼 수 있다.

그렇다고 모든 채권이
주식보다 안전하다고 이야기하긴 어렵다.

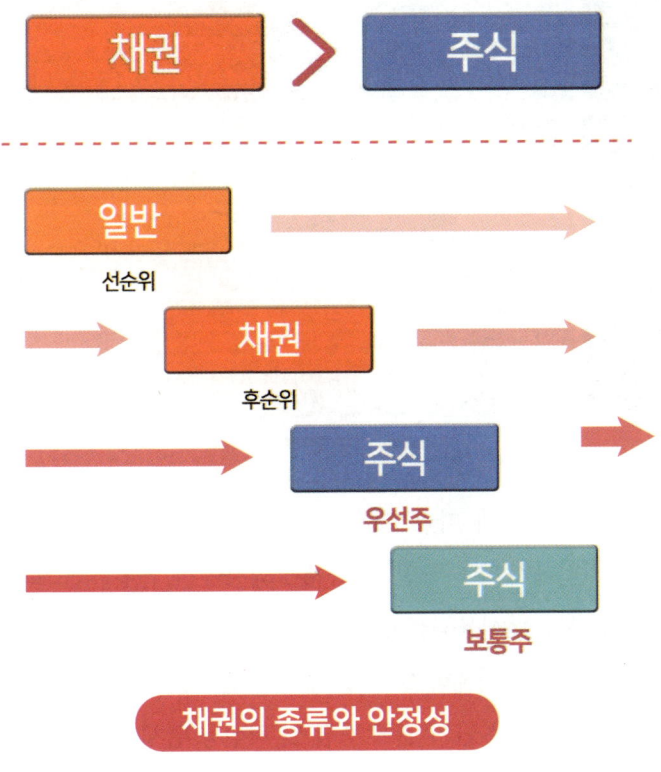

채권의 종류와 안정성

채권도 종류에 따라 안정성이 나누어지는데, 일반적으로 채무 상환 조건에 따라 **선순위 채권**과 **후순위 채권**으로 변제 순위를 나눌 수 있다. 특히 금융기관이 자본 확충을 위해 후순위 채권 발행을 주로 하는데, 후순위 채권은 선순위 채권보다 채무 상환을 늦게 진행하다 보니 선순위 채권보다 이자율은 높은 반면 위험도도 같이 높아진다.

	신용등급	정의
투자등급	AAA	원리금 지급능력이 최고 수준임
	AA+ AA AA-	원리금 지급능력이 매우 우수하지만, AAA등급보다 다소 낮음
	A+ A A-	원리금 지급 능력이 우수하지만, 상위등급보다 장래의 환경변화에 따라 영향을 받기 쉬움
	BBB+ BBB BBB-	원리금 지급 능력이 양호하지만, 장래의 환경변화에 따라 낮아질 가능성이 있음
투기등급	BB+ BB BB-	원리금 지급능력에 당장 문제는 없으나, 장래 안정성 면에서는 투기적인 요소가 내포되어 있음
	B+ B B-	원리금 지급능력이 부족해 투기적임
	CCC	원리금 지급능력에 불안요소가 있으며 채무불이행 가능성이 있음
	CC	원리금 지급능력에 불안요소가 있으며 채무불이행 가능성이 매우 있음
	C	원리금 지급능력에 불안요소가 있으며 채무불이행 가능성이 있음
-	D	현재 원리금 상환 불능상태임

채권의 신용등급

채권은 발행 주체에 따라 이름을 정한다. 국가에서 발행하면 '국채', 국가나 공기업에서 발행하면 '국공채', 회사에서 발행하면 '회사채'라고 한다. 발행 주체의 신용등급에 따라 위험 등급이 나눠진다. 개인의 신용등급과 비슷하다고 이해하면 된다. 개인의 신용등급에서 1-4등급은 양호한 편이며 5-6등급은 단기 연체 경험 및 저신용 업체 거래 내용이 있는 경우이고, 7-10등급은 저신용 업체 거래가 많으며 부실화 가능성이 매우 높은 수준으로 구분한다.

채권도 개인신용등급과 비슷하게 10가지 신용등급으로 구분된다. 크게 AAA부터 D까지의 신용등급으로 나뉜다. AAA에서 BBB등급까지를 투자 등급이라 하여 투자해도 괜찮은 수준으로 구분하고 BB~D등급을 투기 등급으로 나누어 투자할 경우 높은 위험이 따르는 수준으로 구분하였다. 따라서 채권의 신용등급을 살펴보면 회사의 안정성을 판단할 수 있다.

채권의 수익률은 확정이자 수익률과 매매차익 수익률로 나뉘어진다. **확정이자 수익률**은 만기까지 보유했을 경우 발행 주체와 사전 약정된 확정 수익률이다(표면 이자율). **매매차익 수익률**은 금리 변동 및 회사 운영 리스크 때문에 발생할 수 있는 수익률이다.

채권에 투자하면서 손실을 볼 가능성이 생기는 것은 매매차익 수익률 때문이다.
" 채권의 수익 = 확정이자 + 매매차익 "

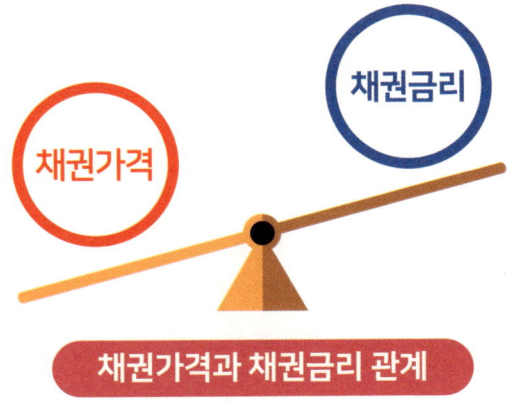

채권가격과 채권금리 관계

금리 상승과 하락 여부에 따라 매매차익이 발생할 수도 있고 매매 손실이 발생할 수도 있다. 주로 금리 하락 시 채권에는 매매차익이 발생한다. 이유는 '이기는 투자' 챕터에서도 언급한 것처럼 채권금리와 채권 가격이 역(-)의 상관관계를 가지고 있기 때문이다.

따라서 금리 상승기보다 금리 하락기에 채권에 투자하면 매매차익이 발생하여 채권투자가 유리할 수 있다.

6장 좋은 펀드 찾기

펀드'의 사전적 정의는 '주식이나 채권 파생상품 등 유가증권에 투자하기 위해 조성되는 투자자금'이다.

직접투자	간접투자
본인이 직접 운용	전문가가 운용
수수료 없음	수수료 발생
개방적 상품 운용	제한적 상품 운용

직접 투자 VS. 간접 투자

쉽게 설명하면 펀드는 직접 투자하지 않고 펀드운용사에 위탁하여 간접투자하는 방식이며 대표적으로 채권형펀드와 주식형펀드가 있다.

펀드는 주식과 달리 직접 투자를 하지 않고 펀드 운용사에 위탁하여 간접 투자하는 방식이다. 현재 수 천 가지의 펀드들이 있는데 어떤 펀드들이 좋은지 파악하기가 쉽지가 않다. 현재 우리나라의 펀드 분석 사이트로는 제로인의 펀드닥터와 모닝스타 코리아가 대표적이다. 회원가입을 하면 무료로 펀드 자료를 살펴볼 수 있다. 그럼 펀드를 분석할 때 어떤 지표를 살펴봐야 하는지 알아보자.

펀드 분석 사이트

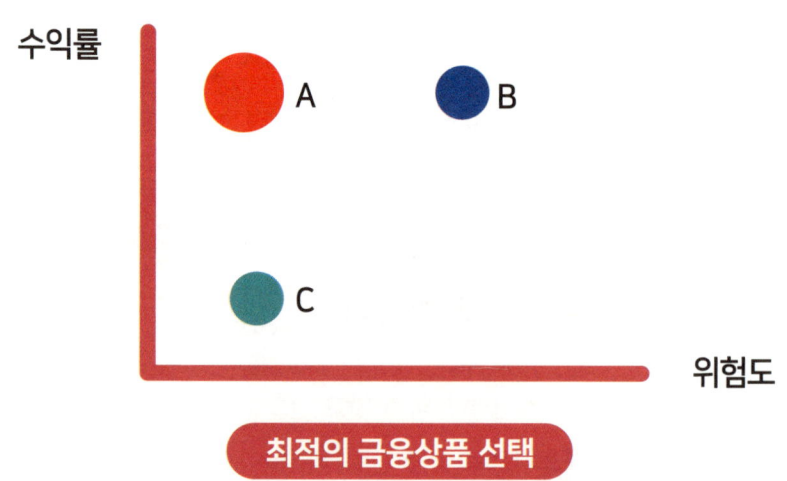

최적의 금융상품 선택

정답은 A이다.

위험은 낮으면서 수익률이 높은 펀드를 선택해야 하는 것이다. 펀드 상품도 투자를 고려할 경우 수익률과 위험에 대해서 이해해야 한다. 같은 위험도 수준에서 높은 수익률을 추구하고 같은 수익률에서 낮은 위험을 추구한다. 펀드상품을 분석하면 위험이라고 표시하지 않고 표준편차라는 말을 쓴다. **표준편차**는 통계에서 나온 용어로서 용어 그대로 **변동성**을 의미한다.

따라서 위험을 의미하는 '변동성'이 작은 펀드를 선택하는 것이 좋다.

	펀드수익률	주가지수 수익률	평가
2X10년	5%	30%	BAD
2X19년	5%	0%	GOOD

벤치마크: 펀드의 기준이 되는 지표 또는 주가지수　　젠센알파: 시장 대비 펀드수익률

벤치마크, 젠센알파

펀드 운용을 했는데 펀드수익률이 2X10년도, 2X19년에 동일하게 5%가 발생했다고 가정해 보자.

각각의 운용 기간 동안 동일한 수익률이 발생했지만, 운용을 잘했는지 못했는지 여부는 펀드의 지표(벤치마킹)가 되는 코스피시장 수익률에 따라

달라진다. 2X10년도 코스피 수익률이 30%였고 2X19년도 수익률이 0%이었다고 하면 [2X10년도 펀드는 운영을 잘하지 못했고 2X19년도 펀드는 운영을 잘했다라고 판단할 수 있다. 시장 대비 초과 수익률을 달성했느냐 못했느냐로 펀드의 운영 결과를 살펴보는 지표가 젠센알파이다. 그러므로 같은 수익률이라 해도 시장상황에 따라 평가 기준이 달라진다.

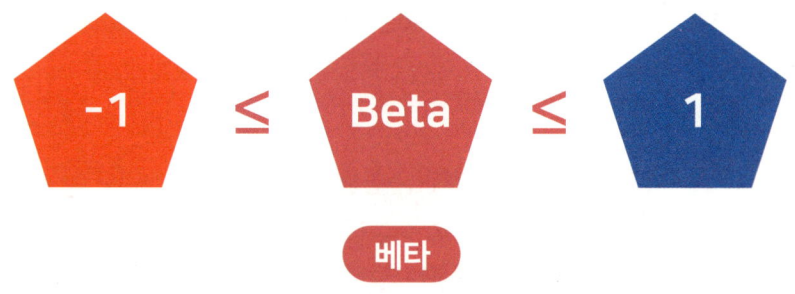

시장의 민감도를 보는 지표가 있는데 그 지표 이름은 베타이다. 베타는 주식시장하고 얼마나 민감하게 움직이는지를 나타내는 지표인데 베타가 1에 가까울수록 시장에 민감함을 나타낸다. 반대로 -1인 경우 시장과 반대로 움직이는 것이며 베타가 0인 경우 시장과 상관없이 움직이는 펀드를 의미한다. 시장이 상승기일 때는 베타가 1에 가까운 펀드를 선택하는 것이 좋고, 시장이 좋지 않을 때는 베타가 0 또는 -1에 가까운 펀드를 선택하는 것이 좋다.

위험과 수익률, 베타 지표를 알아봤는데 이런 어려운 내용을 담고 있는 한 지표가 있다. 이 지표를 통해 운영을 잘하고 있는지 못하고 있는지 한 번에 판단할 수 있다. 바로 샤프지수이다.

샤프지수란 시장의 초과 수익률을 위험으로 나눈 지표로서 시장 대비 초과 수익을 달성하면 0 이상의 수치가 표시된다.

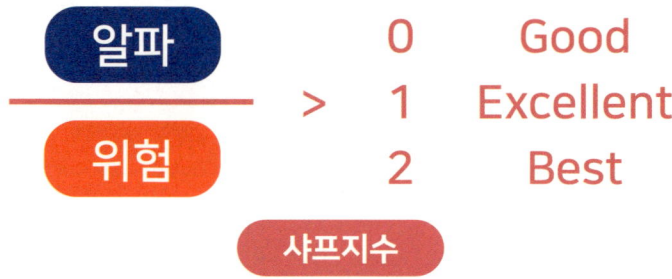

샤프지수는 얼마 이상이면 좋다라고 기준을 정하기가 쉽지 않지만 필자는 0 이상이면 좋은 펀드이고 1 이상이면 매우 좋은 펀드, 2 이상이면 최상의 펀드라고 구분하고 있다.

	펀드수익률	시장수익률	초과수익률(알파)	위험(표준편차)	베타	샤프지수
1	15%	3%	12%	12%	0.9	1
2	13%	3%	10%	5%	0.3	2
3	6%	3%	3%	6%	0.7	0.8

좋은 펀드 찾기

위의 표에서 좋은 펀드는 몇 번일까? 정답은 2번이다.
펀드수익률은 1번이 가장 높았지만 위험 대비 수익률이 높은 펀드는 2번이다. 여러 지표를 살펴봐야 하겠지만 샤프지수를 파악하면 쉽게 좋은 펀드를 선택할 수 있다.

7장 왜 변액 보험인가?

우리들은 현재 100세 시대에 살고 있다. 한 가수를 통해 100세 인생에 대해서 온 국민이 생각하게 되었고 구글 및 삼성그룹에서 100세 시대를 준비하는 사업을 진행하고 있다. 지난 2015년 《타임》지는 메인에 지금 태어난 아기가 142살까지 산다는 기사를 실었다.

《타임》지 표지

'100세 시대가 열릴까?'

라고 의심하는 사람이 거의 없을 정도이다. 최근 생명과학자들과 미래 학자들이 가장 주목하는 벌레는 '예쁜꼬마선충(C.elegans)'이다.

프린스턴 대학과 한국 연구팀이 공동으로 예쁜꼬마선충의 노화에 따른 운동성 저하를 측정해 남은 건강 수명을 예측하는 방법을 찾아냈다. 또 인간 유전자와 50%가 일치하는 예쁜꼬마선충의 연구에서 노화와 수명 조절에 중요한 역할을 하는 새 효소를 발견했고, 유전자 조작을 통해 수명을 18% 늘리는 연구에 성공했다.

**쉽게 말해 유전자 조작을 통해
수명을 늘리는 일이 가능해졌다는 것이다.**

현재 평균 수명이 80세(남자 81세 여자 86세)인데, 20% 수명이 연장되면 100세 가까이 살게 되는 것이다. 100세 시대를 살게 되면서 여러 환경들도 변했지만 가장 중요한 건 질병이 늘고 노후자금 준비에 대한 부담도 같이 늘어났다는 점이다.

**질병 이야기는 '보장' 파트에서 자세히 하겠다.
노후자금 문제에 대해서 심각하게 고민해야 한다.**

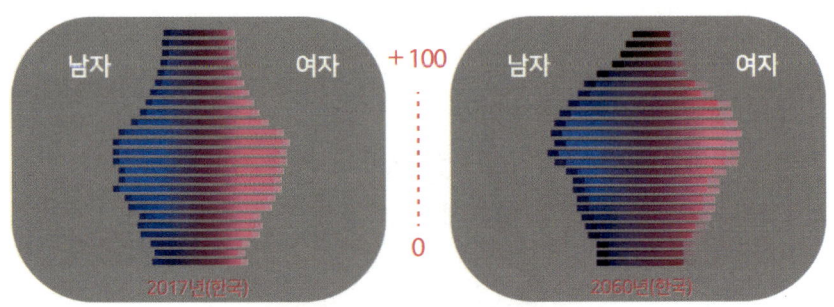

한국의 인구구조 변화

우리나라는 2017년에 '고령사회'에 진입하였다. 65세 인구가 14% 이상일 경우 '고령사회'라고 하는데 일본은 우리나라보다 20년이나 앞선 1994년에 고령사회에 진입하였고 지금은 65세 인구가 20%가 넘는 '초고령 사회'이다.

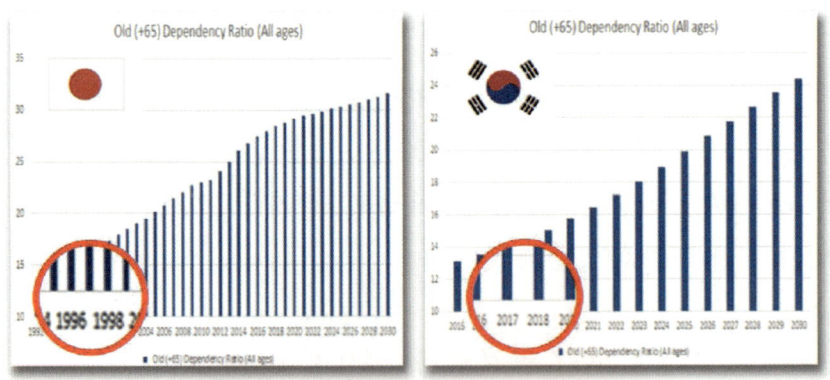

노령화 지수로 본 일본과 한국

일본을 살펴보면
우리나라의 미래 모습을 어느 정도 예견할 수 있다.

최근에는 생필품 판매 업체들이 많이 생겨나고 있으며, 편의점에서 일반 의료품목을 구매할 수 있게 되었다. 이는 일본의 예전 모습과 많이 흡사하다. 노인들이 백화점보다는 저렴한 생필품 업체를 많이 찾았고, 24시간 운영하는 편의점에서 쉽게 일반 의료 품목을 구입하는 것을 선호했기 때문에 이런 업체들이 많이 생겨났다.

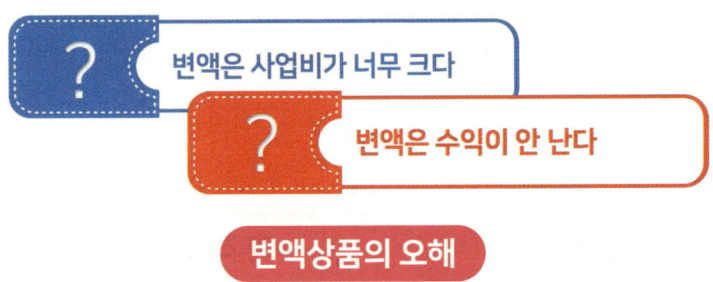

변액상품의 오해

일본은 노후대책에 대해서도 아주 준비가 잘되어 있다. 누구나 잘 알다시피 일본은 세계 3위 수준의 부유한 국가이다. 연금 수령 시 소득대체율이 50% 수준이다. 소득대체율은 은퇴 후 연금으로 받는 금액이 소득 기간 발생하는 금액 대비 얼마큼 차이가 나는지 나타내는 지표로서 노후 복지 수준을 판가름할 수 있는 기준이 되기도 한다. 일부 유럽국가는 소득대체율이 80%를 넘어 국가 재정위기를 가져온 적도 있는데 적정한 소득대체율에 대한 논의는 많지만 최소 50% 수준을 권장하고 있는 상황이다. 일본은 소득대체율 50% 상황에서도 개인연금 가입을 국가적으로 장려하고 있다. 우리나라는 현재 40%의 소득대체율을 지향하지만 실제 32% 수준으로 아주 낮은 상태이며 개인연금 가입 시 세제혜택을 주는 등 다양한 조치를 취하고 있지만 개인연금 마련을 잘하지 못하는 실정이다. 노인 선배(?) 국가인 일본을 살펴보면 당연히 연금 준비를 잘해야 하는데 왜 하지 못하는 것일까?

변액상품 3개의 기간

| 적립기간 | 수익기간 | 수령기간 |

▷ **적립기간**: 사업비가 차감되는 기간. 운용수익률에 따라 원금에 도달하는 시간이 변한다.
▷ **수익기간**: 사업비가 거의 없는 기간 & 비과세를 적용받는 기간. 수익을 본격적으로 낼 수 있는 구간이다.
▷ **수령기간**: 수익기간에 따라 받을 수 있는 금액은 달라진다.

변액상품 기간

적립기간	수익기간
적립금 1번 과세	**총 적립금 비과세**

적립금 30만원 운용시 (10% 사업비, 10% 수익률 가정)

10년 수익 360만원	1년 수익 360만원
10년 사업비 360만원	사업비 X 상품마다 차이가 있을 수 있다.
실 수령액 없음	실 수령액 360만원

수익 기간에 비과세 및 사업비 축소로 인해 모든 보상을 다 돌려 받는다.

변액보험의 사업비 이해

회차	1회	2회	3회	4회	5회	6회	7회	8회
시행 시기	1989.~1991.	1992.~1996.	1997.~2002.	2002.~2005.	2006.~2009.9.	2009.9.~	2012.7.~	2015.4.~
남자	65.7세	67.1세	68.4세	7.23세	76.4세	78.5세	80세	81.4세
여자	75.5세	76.8세	78세	80.9세	84.4세	85.3세	85.9세	86.7세

노후를 준비하기 가장 좋은 금융상품은 무엇일까?

1. 기본적으로 연금 금액이 많이 나와야 한다.
2. 연금 기간이 100세 또는 종신이어야 한다.
3. 노후자금이니 안전하게 운용되어야 한다.

이 모든 조건을 갖춘 상품이 변액(연금)보험이다.

현재 생명보험회사에서 판매하는 연금 관련 상품은 경험생명표를 기준으로 연금 금액을 결정한다.

경험생명표는 생명보험회사에서 사용하는 평균수명과 같은 개념으로, 영아 사망 및 현재 수준의 평균수명이므로 생각보다 높은 기준이 아니다. 남자 기준으로 80세 경험생명표를 적용한다고 하면 연금 수령 시 80세까지 생존한다고 가정하고 연금 금액을 지급하는데 실제로 더 오래 살면 살수록 연금 가입자는 더 많은 혜택을 볼 수 있다.

그리고 생명보험 상품의 큰 특징은 연금 수령 시 종신형으로 선택할 수 있다는 것이다. 종신형으로 선택하면 죽을 때까지 연금액이 지급되기 때문에 오래 사는 경우의 리스크를 줄일 수 있다. 노후자금을 안전하게 운용하는 방법은 변액보험의 옵션기능을 활용하면 되는데 관련 내용은 다음 파트에서 설명하겠다.

8장 변액보험의 옵션기능

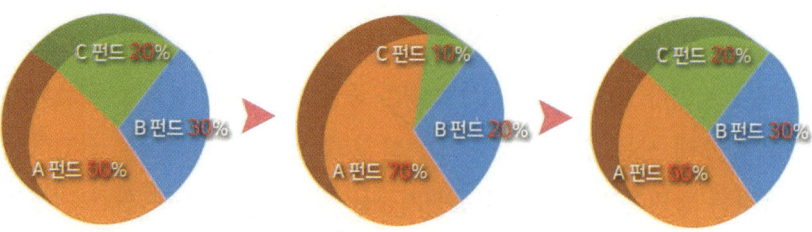

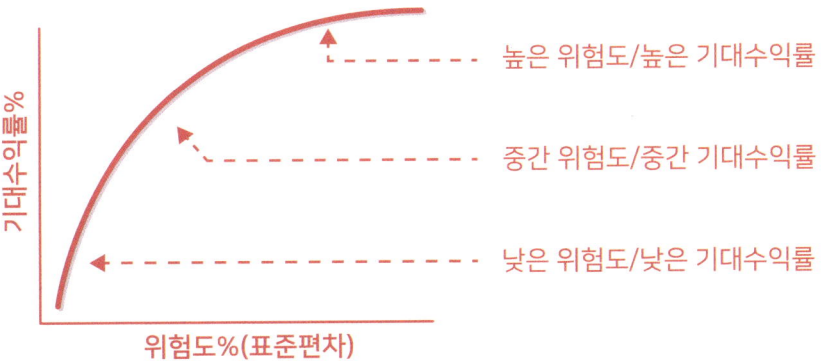

$$f_{-}^{*} = \frac{bp-q}{b} = \frac{p(b+1)-1}{b}$$

켈리 이론

포트폴리오 이론

 수익은 극대화하면서 위험은 최소화하는 포트폴리오를 구성하는 과정을 설명하는 이론이다.

 포트폴리오 선택, 자산선택의 이론, 증권선호 이론이라고도 한다. 이 이론은 포트폴리오의 기대 수익률과 위험도를 구하는 것에서 출발하며 주식 채권의 자산으로 구성된 포트폴리오가 있을 때, 최적의 포트폴리오 비율을 구할 수 있다.

변액보험만이 가지고 있는 기능으로는 자동재배분기능과 최저보증 옵션기능, 중도인출 및 추가납입이 있다. 옵션기능을 잘 활용하면 소중한 장기 목적 자금을 안전하게 운용할 수 있다.

먼저 자동재배분기능은 계약자 적립금에서 고객이 정한 주기에 따라 자동적으로 주식과 채권 펀드비율을 나누어 주는 기능이다. 짧게는 3개월 길게는 1년마다 주식과 채권 비율을 자동적으로 변경함으로써 수익이 났을 경우 주식은 안전한 채권으로 변경할 수 있으며, 손해가 났을 경우 채권의 일부를 주식으로 전환함으로써 수익을 추구할 수 있는 기능이다. 자동재배분을 할 때 고려해야 하는 상황은 두 가지로,

주식 채권 편입비율과 주식 채권 변경주기이다.

먼저 주식 채권 편입 비율은 본인의 투자 성향 및 시장상황에 따라 결정할 수 있지만 마코위츠 포트폴리오 이론 및 켈리 이론 등 수십 년간 시장에서 검증된 주식과 채권의 황금 비율은 6 대 4이다. 자동재배분의 적정한 변경 주기는 상황에 따라 다를 수 있다.

변경 주기보다 언제 자동재배분을 설정하면 좋을까?

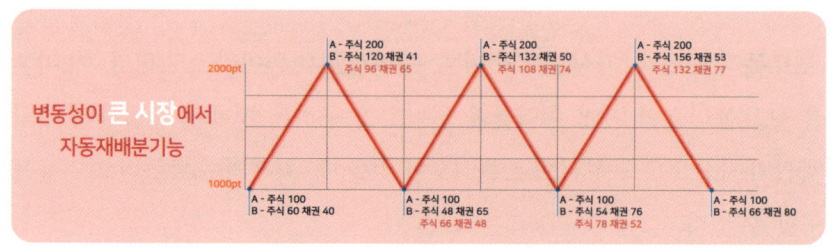

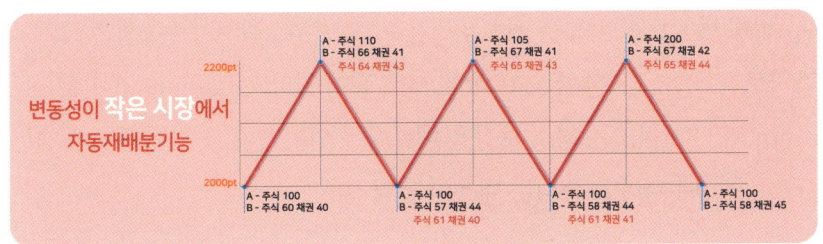

시장의 변동성이 큰 시장과 작은 시장이 있다고 가정하고 자동재배분기능 시뮬레이션을 해보겠다.

첫 번째 변동성이 큰 시장에서 자동재배분을 할 경우 지수가 등락을 거듭하다 결국 처음 시작한 지수에서 환매할 경우 수익이 나는 것을 볼 수 있다. 첫 번째와 달리 두 번째 변동성이 작은 시장의 경우 자동재배분기능 효과는 크지 않음을 볼 수 있다. 따라서 자동재배분기능은 변동성이 큰 시장에서 설정하면 수익을 얻을 수 있다.

GM**D**B	최저 사망 보험금
GM**W**B	최저 지급 금액 보장
GM**A**B	최저 원금 보장
GM**I**B	최저 연금 보증 이율

변액보험의 보증 옵션

두 번째 변액보험 기능은 **최저보증옵션기능**이다. 최저보증옵션은 크게 4가지로 **GMDB, GMWB, GMAB, GMIB** 등이 있다. Guarantee(G), Minimum(M), Base(B)는 최소 보장을 해준다는 의미이며 그 사이에 들어가는 **D, W, A, I**에 따라 보증되는 내용이 달라진다.

GMDB는 최저 사망 보험금을 변액수익률과 상관없이 보증해주는 것이다.

GMWB는 최저 원금을 보증해주는 기능이다.

GMAB는 원금 보증 옵션으로 아무리 수익률이 하락하더라도 연금 개시 때는 최소 납입금을 보증해주는 기능이다. 일반적인 변액연금 상품에 포함되어 있는 기능으로 아무리 공격적인 펀드를 운영하더라도 손실을 보지 않기에 방어적인 펀드 운영보다는 공격적인 펀드 운영이 효과적일 수 있다.

GMIB는 잉여 이익 적립 기간 동안 시장상황에 관계없이 매년 일정한 최저 수익률을 보장해 주는 것이다. 다만 두 가지 조건을 충족해야 한다. 우선 보통 10년 정도의 최소한 잉여 이익 적립 기간을 대기 기간으로 설정해야 한다.

변액 보장성인 경우 일반적으로 **GMDB**, 즉 사망 보험금을 보증해주며, 변액 저축성 상품 중 변액연금은 일반적으로 **GMAB** 원금을 보증해주고 있다.

변액 보장성 상품	변액 저축성 상품
100%	200%

상품별 추가납입 한도

최초 설정 시 기준가는 1,000원이다. 현재 기준가가 1,500원이면 최초 대비 50% 오른 것이다. → **기준가 X 좌수** ← 기준가가 1,000원일 때 매수한 금액만큼 좌수가 저렴해진다.

변액보험 가격 계산

기준가 X 좌수 1,000				
투입 금액	1,000	1,000	1,000	1,000
기준가	1000	800	600	800
수량	1,000	1,200	1,400	1,200

환매

시장이 안 좋을 때는 기준 가격이 처음 살 때보다 오른 적이 없지만 안 좋을 때 계속 사 모아서 수량을 늘려 놓는다. 1,000원일때 5번 사서 5,000개를 모으기보다 이 방법을 적용하면 800개를 더 사모을 수 있다.

기준가 X 좌수 1,000			
투입 금액	1,000	1,000	1,000
기준가		1,000	1,200	1,000
수량		1,000	800	1,000

환매

처음 기준가 1,000원에 샀던 것을 1,200원, 1,400원 될 때 하나씩 정리해 가면서 수익률을 확장시킨다.

시장상황에 따른 전략

마지막 변액보험의 기능은 **추가납입과 중도인출**이다.

보장성인 경우 추가납입은 일반적으로 납입금의 1배, 저축성인 경우 2배까지 할 수 있으며, 추가납입에 대한 납입 수수료는 거의 없기 때문에 시장상황에 따라 추가납입과 중도인출 기능을 활용하면 좋다.

변액보험은 일반 주식형 상품만큼 공격적으로 운용할 수 없는 단점이 있다. 왜냐하면 장기 저축성 목적으로 자금 안정성을 지키기 위해 의무 채권 편입을 해야 하기 때문이다. 따라서 공격적으로 자금을 운용해야 하는 경우라면 자금을 중도인출해서 운용하다가 운용 이후 자금을 다시 추가납입하면 된다.

9장 변액보험 수익률 관리 비법

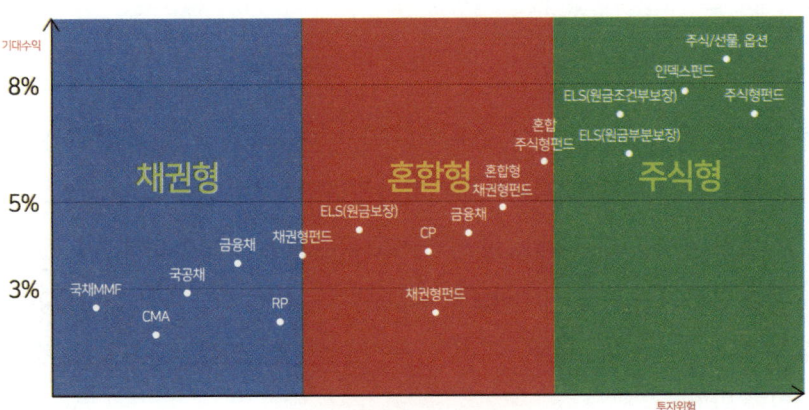

투자 상품 유형

'지키는 투자' 챕터에서도 설명했듯이 투자 전 반드시 세워야 하는 계획 중 하나는 **목표수익률**이다.

목표수익률을 정해야 어떤 방법으로 투자를 할지 전략과 전술을 세울 수 있다. 그렇다고 너무 높은 수익률을 정하면 적절한 전략을 세울 수도 없다. 적당한 수익률이 필요한데 각 금융상품마다 적정 수익률은 다음과 같다.

채권형은 현재 기준금리에서 1%를 더한 수익률, **주식형**은 시장 PER의 역수가 목표수익률이 된다. 만약 기준금리가 1.75%라 하면 채권형펀드 목표수익률은 2.75%가 되고 코스피지수 PER(주가수익비율)이 12배라고 하면 목표수익률은 8%가 된다.

변액보험은 상품 종류별로 분류하면 보장성 상품에 **변액CI, 변액종신, 변액연금, 변액유니버셜**로 구분할 수 있다.

변액CI 보험은 보장성 상품으로 보험사별로 상품 차이가 있을 수 있지만 주로 채권 의무 편입 비율이 50% 이상 되고, 나머지 펀드도 혼합형펀드로 운용을 한다. 혼합형펀드는 주식과 채권을 혼합한 펀드로서 혼합형펀드가 50%라 하는 것은 채권 25%, 주식 25%로 운용하는 것으로 이해하면 된다. 따라서 변액CI 보험은 기본적으로 **채권이 75% 이상 들어가는 채권형펀드 상품이다.** 변액CI 보험을 가지고 목표수익률 10%를 달성하는 것은 무리가 있다.

변액종신 보험은 보장성 상품이긴 하지만 최근 연금 전환 기능 및 유니버셜 기능을 포함하여 저축 기능을 포함하고 있는 상품들이 많다. 주로 채권의무편입비율이 30%이고 나머지는 혼합형펀드로 운영하는 형태이기에 **혼합형펀드로 구분할 수 있다.** 따라서 변액종신 보험은 혼합형펀드 평균수익률을 목표로 잡아야 한다.

변액유니버셜 보험은 주식 100%까지 투자 가능한 상품이며 **주식형펀드**이므로 주식형펀드 목표수익률을 정하면 된다.

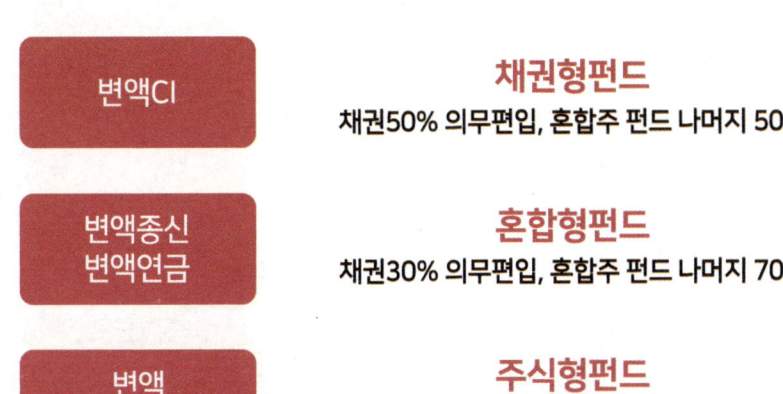

변액보험 상품별 목표수익률

변액연금, 변액종신 목표수익률

1. 상속세 이해
2. 보험가입 시 세금혜택(특별편)
3. VIP 고객 이해 및 전략
4. 고액자산가 절세 방안
5. 법인사업자 컨설팅
6. CEO 플랜

1장 상속세 이해

상속세는 증여세율와 동일하게 최고 50% 세율로
우리나라에서 가장 높은 세금이다.

따라서 자산가들은 상속세 준비를 잘해야 하는데 그렇지 못한 자산가들이 많다. 언론을 통해 알려진 내용만 보더라도 상속 준비가 잘되지 않아 문제가 된 사례들이 많이 있다. 농우바이오나 쓰리세븐 등 굴지의 대기업들도 상속 준비가 되지 않아 오너가 사망한 후 자산의 대부분이 매각되고 회사가 타인에게 양도되는 사례가 발생하였는데, 이는 상속 준비를 잘하지 못하였기 때문이다. 준비되지 않은 상속이 야기하는 문제로는, 자녀들 간의 상속 분쟁뿐만 아니라 부동산으로 이뤄진 자산의 매각이 어렵다는 점을 들 수 있다.

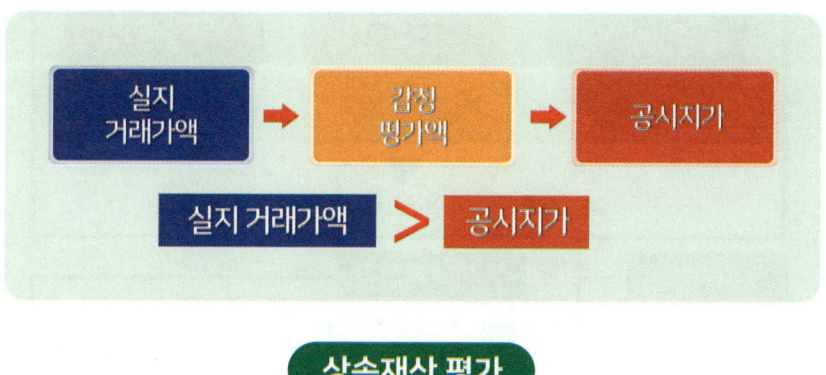

상속재산 평가

상속이 발생하는 경우 상속재산가액을 평가한다. 우리나라의 경우 자산의 70%가 부동산에 편중되어 있어 상속 발생 시

부동산 가격을 어떻게 평가하느냐에 따라 상속세액이 달라진다.

모든 상속재산은 실거래가(시가)가 있는 경우 실거래가(시가)로 평가하지만 실거래가가 없는 경우 공시지가로 평가하기도 한다. 보통 시가보다 공시지가가 상대적으로 낮은 편이다. 예를 들어 시가가 100억인 빌딩의 오너가 사망하여 공시지가로 평가해 보니 60억이라고 하자. 그렇게 되면 40억 자산이 한순간에 사라지는 것이고 거기다가 상속세까지 납부하게 되면 엄청난 불이익을 당할 수도 있다.

상속세와 증여세 제척 기간

상속세는 6개월 이내에 납부해야 하며

납부 기간이 넘으면 가산세가 부과된다. 설상 납부 기간에 납부하지 않고 세금 추징을 따로 받지 않더라도 상속세 제척 기간은 15년이다. 제척 기간은 과세당국이 상속인에게 법률상으로 세금을 추징할 수 있는 존속 기간이다. 그리고 **금액이 50억이 넘는 경우**에는 과세당국이 **신고된 날로부터 1년 이내에 추징할 수 있으니 제척 기간이 따로 없다고 보면 된다.**

상속 설계를 할 때는 상속재산가액을 평가하는 것도 중요하지만 **상속인을 지정**하는 것도 중요하다.

법적으로 유언을 통한 상속인 지정도 가능하지만 잘 모르거나 번거롭게 생각하는 사람이 많다. 유언을 통한 상속인 지정이 어려운 경우 보험상품을 활용하면 된다. 보험상품에는 **권리지정이라는 것이 있다.** 권리지정은 보험 계약 시 계약자, 수익자, 피보험자를 정해야 하는 것인데 보험수익자를 지정하는 유언의 효과를 볼 수 있다. 예를 들어 남편과 자녀 둘을 두고 있는 A씨는 연세가 많으신 홀어머니가 있다. 남편과 상의해서 조금씩 용돈을 어머니께 드리고 있지만 금액이 작아 남편 몰래 매달 30만 원씩 추가로 드리고 있는 상황이다. 친구 권유로 자신이 사망하면 사망보험금이 나오는 종신보험에 가입을 하게 되었다. A씨는 자신이 사망하면 A씨 부모가 아무런 상속재산을 받지 못한다는 이야기를 들었다. 그래서 A씨는 보험의 수익자를 어머니로 지정하였다.

여기서 중요한 것은 법정 상속 순위이다.

자녀(직계비속)가 1순위이고, 부모님(직계존속)이 2순위, 형제가 3순위, 4촌 이내 혈족이 4순위이다. 배우자는 1, 2순위(직계비속, 직계존속)가 있는 경우 추가로 상속 대상이 되고 배우자 단독 대상이 되려면 1, 2순위가 없고 배우자만 혼자 있는 경우라야 한다.

구분	상속인
1 순위	직계비속과 배우자
2 순위	직계존속과 배우자
3 순위	배우자
4 순위	형제자매
5 순위	4촌 이내의 방계혈족

민법상 상속순위

법적상속인	상속인
배우자·직계비속	법정상속지분의 1/2
직계존속·형제자매	법정상속지분의 1/3
4촌 이내 방계혈족	유류분 해당사항 없음

① 피상속인이 **사망한 날로부터 10년이 지나면 청구할 수 없다.**
② 유류분 권리자가 **상속, 증여 또는 유증을 한 사실을 안 때로부터 1년 이내**에 해야한다.
③ 유류분권은 피상속인의 **직계비속, 배우자, 직계존속 및 형제자매만 갖는다.**

유류분의 지분율 & 주의사항

**상속인 지정을 하더라도
최소한의 법적 유류분 청구는 가능하다.**

 유류분은 법적인 상속 권한의 일부를 청구할 수 있는 제도인데, 앞의 경우 A씨가 모든 보험금 수익을 어머니가 지급받도록 계약을 했더라도 계약을 했을 때 남편과 자녀는 원래 받아야 할 상속 금액의 일부를 유류분으로 청구할 수 있다.

2장 보험가입 시 세금혜택(특별편)

이번 편에서는 보험 가입 시 특별한 경우에 혜택을 볼 수 있는 방법에 대해서 이야기해 보겠다.

상담을 하다 보면 고객 당사자 또는 가족이 사업을 하다 부득이하게 빚을 지게 되어 보험금을 수령할 때 보험금이 압류가 되는지 물어보는 경우가 종종 있다.

2015년 이후부터 체납 국세인 경우 상속자에게 납세 의무가 승계되는 것으로 법이 개정되었다. 따라서 보험에 가입하려는 자(피보험자)가 국세 체납인일 경우 보험금 (사망 또는 질병) 수령 시 원칙적으로 **보험금이 압류될 수도 있다.**

상속으로 받은 재산의 한도 내에서 납부할 의무를 진다!

세금 체납 2억
보험금 수령 1억

세금 체납 2억
보험금 수령 1억
= -1억 세금 부담

상속으로 인한 납세 의무의 승계 명확화
① 피상속인이 상속인을 수익자로 하는 보험 계약을 체결
② 상속인은 상속을 포기
③ 상속포기자가 피상속인의 사망으로 인하여 보험금을 받을 때

체납 국세 등
납세 의무 승계 NO

2015.1.1. 이후 적용!
체납 국세 등
납세 의무 승계 YES

세금 체납인의 보험금 압류

계약자	피보험자	수익자	
			사망 시 발생하는 보험금은 상속재산에 포함
			사망보험금은 상속재산에 포함되지 않음

계약자, 수익자를 지정하라

이럴 경우에는 계약자, 피보험자, 수익자 지정을 잘하면 보험금 압류를 해결할 수 있다.

자녀나 배우자가 보험 계약을 하고(계약자 지정) 계약자와 동일하게 수익자를 지정을 하면 이 문제를 해결할 수 있다. 보험 계약의 주인을 계약자 기준으로 보고 수익금도 계약자가 보험료를 납부한 금액으로 수익을 받으니 피보험자의 국세 체납과 상관이 없게 된다.

상속 포기도 고려해 보아라

단, 여기서 주의해야 할 점은 국세 체납이 있는 경우 반드시 체납금을 갚아야 하겠지만 부득이하게 체납금이 남아 있는 경우라면 상속 시 상속인이 3개월 이내에 상속을 포기해야 한다는 점이다. 그렇게 되면 상속인은 피보험자 대상으로 가입한 보험금을 수령할 수도 있고 국세 체납 승계 의무도 사라지게 된다.

장애인 자녀를 두고 있는 부모를 상담하게 되면 반드시 장애인 연금 비과세에 대해서 이야기를 해야 한다. 「상속 증여세법 시행령」 35조에 따르면 대통령령으로 정하는 보험의 보험금 중 장애인 및 국가유공자 중 사이자를 수익자로 한 보험상품인 경우 연간 4천만 원 한도까지 비과세된다. 월 333만 원가량 수입 금액은 비과세 혜택을 볼 수 있는 것이다.

- **장애인 보험**
  납입금의 15% 세액공제
  (일반보험은 12%)

- **장애인 연금 증여세 비과세**
  연간 4천만 원
  (「상속증여세법」 제46조 8호)

장애인 보험 가입 시 세금 혜택

 신탁상품을 활용하여 일시납을 이용할 경우 5억 원 한도까지 비과세가 적용되지만 보험상품에 가입하면 납입 금액이 10억이든 20억이든 연금 수령 금액이 연간 4천만 원만 넘지 않으면 전액 비과세된다. 단, 계약자는 부모로 하고 피보험자와 수익자는 장애인인 자녀로 설정하면 된다.

 계약자    피보험자    수익자

장애인 증여세 비과세 혜택

자녀에게 증여를 고려할 때 보험상품의 연금 정기금 평가를 활용하면 좋다.

자녀에게 연금상품으로 증여를 할 경우 미래 받을 자금을 현재가치로 할인하여 증여 세금이 부여가 된다. 자녀가 연금을 받는 보험상품에 부모가 가입을 했다고 가정하자. 납입금액이 총 5억이고 자녀가 수령받을 금액이 5억 + a 인데, 이 수령 금액이 미래에 받을 자금이다보니 현재가치로 할인해서 평가해 보니깐 3억이 된다고 하자. 그러면 증여세 기준은 5억 원을 해야 할까? 5억 원 + a 금액으로 해야 할까? 아님 3억 원으로 평가해야 할까? 현행 증여 세법은 증여세 부여 시점을 증여를 받는 시점으로 하기 때문에 연금상품을 받는 시점은 연금상품을 납입하는 사람(부모)이 연금을 자녀에게 넘겨줄 때 증여세금이 발생하는데 이 상품이 **미래에 수령하는 연금상품**이다 보니 일정 이율로 **할인하여 세금이 부과**가 된다.

- **세금혜택**
  증여세 절세 효과
- **절세한도**
  한도제한 없음
- **절세효과**
  3.5% 할인된 금액으로 증여금액 평가

자녀 저축 시 증여세를 고민해야 하는데 증여세를 절세할 수 있는 방법 중 연금 정기금 평가가 있다.

자녀 연금 가입 시 연금 정기금 평가

기존보험 → **변경**

계약자 피보험자 수익자   계약자 피보험자 수익자

증여세 절세 X   연금 정기금 평가 할인

연금 정기금 평가를 위한 권리지정

「상속증여세법」 62조에 따르면 할인율은 3.5%로 연금을 받는 기간 내내 할인받기 때문에 할인율 혜택이 크다고 볼 수 있다. 연금 정기금 평가를 받기 위해 계약자와 수익자는 부모로 하고 피보험자를 자녀로 하다 납입이 완료되는 시점에 연금상품을 자녀 이름으로 변경해주면 할인 혜택을 볼 수 있다.

$$평가금액 = \frac{증여받은 연금}{(1 + 3.5\%)^n}$$

평가금액 계산법

[3장 VIP 고객 이해 및 전략]

　VIP 고객들은 크게 개인사업자, 전문직종사자, 법인사업자, 임대사업자 네 가지 분류로 나눌 수 있다. 각 자산가들마다 원하는 것이 다를 것이며 접근해야 하는 내용도 다를 수 있다. 각 자산가별특징을 이해하고 그들의 니즈를 정확히 파악해야 한다.

> 중국 모소대나무는 5년 가까이 땅속에서 뿌리만 계속 내린다.
> 그러다가 죽순이 땅 위로 나오는 순간, 6주 만에 거의 자라나 숲을 이루게 된다.
> 보험상품을 활용하면 납입 기간이 지난 시점엔 엄청난 저축 효과를 볼 수 있다.

개인사업자 재무설계 콘셉트

개인사업자들은 우리 주변에서 가장 많이 찾아볼 수 있는 직업군이다. 그중 소득이 많은 이들이 공통적으로 갖는 특징 및 니즈는 소득이 불규칙하다 보니 안전자산을 형성하고 싶은 니즈가 크다는 것이다. 따라서 상담을 해보면 부동산이나 안전자산을 사고 싶다는 분들이 많다. 또한 퇴직금이 없기 때문에 노후 자산에 대한 니즈가 크다. 개인사업자들은 최근 자금출처조사 및 PCI 시스템, 성실신고확인 제도 등 국세청의 주요 타겟이 되고 있어 자산 운용에 어려움을 겪고 있다. 따라서 국세청 관리 감독 제도를 잘 이해하고 설명해야 한다. 고액 현금거래 제도를 예로 들어 보면 2천만 원 이상 거래될 시 국세청 보고 대상이 되니 되도록 2천만 원 이상 금융 거래는 자제해야 됨을 인지 시키고 금융소득종합과세를 무조건 피할 것을 안내해야 한다.

개인사업자들의 니즈가 안전자산 마련과 노후자금 관리이니 안전자산을 마련하기 위한 플랜을 제시하면서 동시에 노후자금을 마련할 수 있는 방법을 안내해 주면 개인사업자에게 좋은 컨설팅이 될 수 있다. 소득에 대한 불안함을 가지고 있기 때문에 납기는 최대한 짧게 하는 것이 좋을 수도 있다. 또한 최근 개인사업자 운영이 어려울 시에는 법인으로 전환하는 것도 한 가지 방법으로 법인 전환을 적극 권유하는 것이 좋은 방법이 될 수 있다.

개인사업자들은 납기를 길게 하지 말고 퇴직금 마련 용도로 자금을 활용하는 플랜을 설계 하면 좋다.

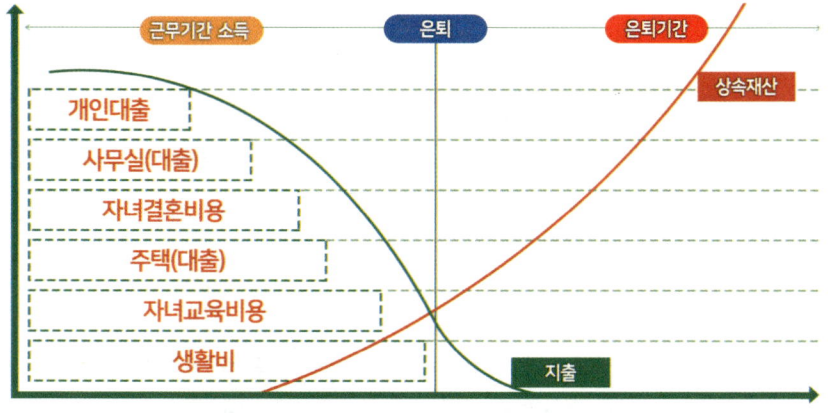

전문직종사자 재무설계 콘셉트

전문직종사자는 조기 은퇴 및 본인 건물 소유에 대한 니즈가 크다는 특징이 있다. 또한 자녀 교육비 지출이 크며 신고가 누락된 관리 소득이 있을 수 있다. PCI 시스템을 통해 신고가 누락된 관리 소득에 대한 문제점을 안내하고, 건물을 매입할 경우 자금출처 조사대상이 되므로 대출을 적절하게 활용하는 방법을 안내해야 한다. 자녀 교육비 및 건물, 대출금 상환 등 많은 리스크에 노출되어 있으므로 종합 컨설팅 개념으로 접근해야 할 것이다.

자녀 교육비, 대출금 상환, 조기 은퇴 등에 대한 종합적인 상담을 통한 라이프 사이클 컨설팅을 진행해야 한다. 전문직종사자는 이너 서클(동종 업종 간 우호단체)을 선호하므로 만약 상담이 만족스러운 경우 동종 업계 종사자 소개가 나올 수 있어 상담 시 많은 준비가 필요할 것이다.

이런 전문직종사자 재무설계를 할 경우 현재 자금 대출 및 필요 자금이 많기 때문에 유고 시 발생할 수 있는 리스크를 해결하고, 불의의 사고가 발생하지 않을 경우 그 자금으로 퇴직금 및 자금 활용을 할 수 있는 콘셉트로 접근하면 좋다.

법인사업자인 경우 **법인자금 활용에 어려움을 겪고 있는 특징을 보인다.**

합법적인 **절세와 사업 운영 시 겪고 있는 문제 해결에 대한 니즈가 크므로** 제도 정비를 제시할 수 있는 컨설팅을 필요로 한다. 법인 사업자인 경우 활용할 수 있는 다양한 제도가 있음에도 불구하고 제도를 활용하는 방법 및 제도적인 내용을 준비하지 못한 경우가 많다. 따라서 자금 활용에 어려움을 겪을 만한 부분에 대해 이야기하면 법인 사업자 고객이 만족하는 상담을 진행할 수 있다.

퇴직금 및 배당 등 법인 보수 활용 방안, 가지급금과 차명주식 해결방안, 기업부설연구소 및 특허권 활용 등에 대한 것으로 컨설팅 방향을 잡으면 되겠다.

법인사업자에게 CEO 플랜 제안을 많이 하는데 계약자 및 수익자를 법인으로 하고 피보험자를 대표이사로 하는 보험 계약으로서 유족 보상금 제도 마련과 퇴직금 준비, 그리고 납입 보험료 비용 처리로 접근하면 되겠다.

법인 사업자 재무 설계 콘셉트

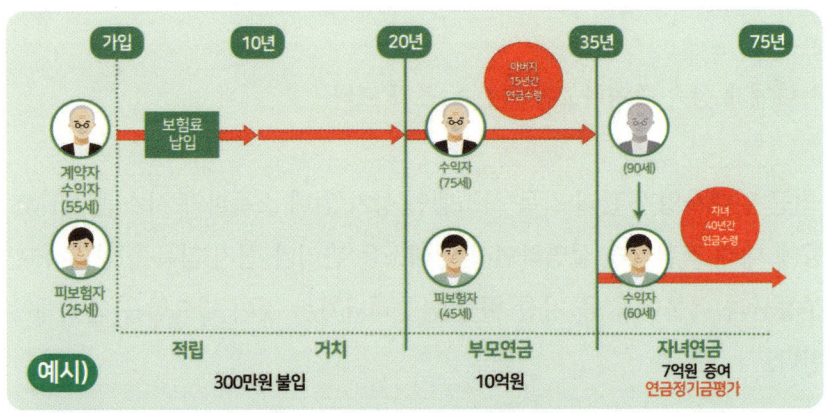

「상속세 및 증여세법」 62조

▷ 계약자를 부, 피보험자를 자녀로 해서 연금을 가입하다가 부가 연금을 받고 중간에 상속 증여가 발생했을 때, 매년 3.5% 할인된 금액으로 상속&증여 세금 발생

▷ 연금을 활용하여 자녀에게 증여하는 경우 보험금을 매년 3.5% 할인한 금액으로 증여세 부과

※ 평가금액 = 증여받는 연금$/(1+3.5\%)^n$

임대사업자 재무 설계 콘셉트

임대사업자인 경우 부동산에 대한 선호도가 매우 높아서 재무 컨설팅 시 어려움이 있다.

하지만 최근 다세대 주택 보유자 및 임대사업자인 경우 부과되는 세금이 높아지고 있어 절세에 대한 니즈가 매우 높다.

또한 임대사업자 고객은 대체적으로 다른 소득자보다 연령이 높은 편으로

자녀에게 상속 증여하고자 하는 니즈가 크다.

 최근 임대사업자 관리 감독 시스템인 상가 임대 소득파악 시스템, RTMS 등에 대해 적절하게 설명하면서 임대소득 관리가 쉽지 않음을 안내하고, **부동산과 더불어 금융 자산 비중을 늘려나가는 것이 필요함**을 안내해야 한다.

 상속 및 증여 재원을 마련할 수 있는 금융상품 제안을 통해 고객의 니즈를 충족하는 것이 중요한데, **연금 정기금 평가를 활용한 방법**으로 접근하면 관련 내용에 대해서 긍정적인 반응을 얻을 수 있다.

4장 고액자산가 절세 방안

자산관리사들이 자산가들을 만나 상담할 때 가장 중요한 것이 무엇일까? 영업의 대가들은 대부분 사고 싶도록 하는 기술보다 **살 수 있는 사람을 만나는 기술이 중요**하다고 이야기한다.

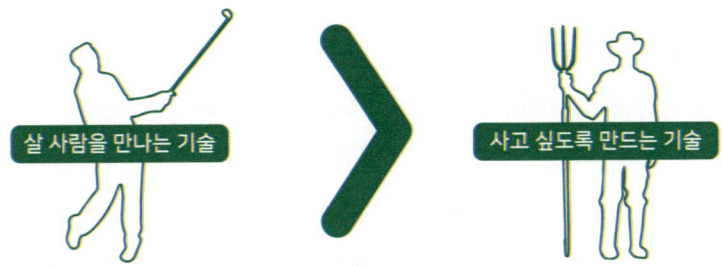

따라서 자산가들을 어떻게 만나는지 만나서 어떤 이야기를 해야 하는지가 중요하다.

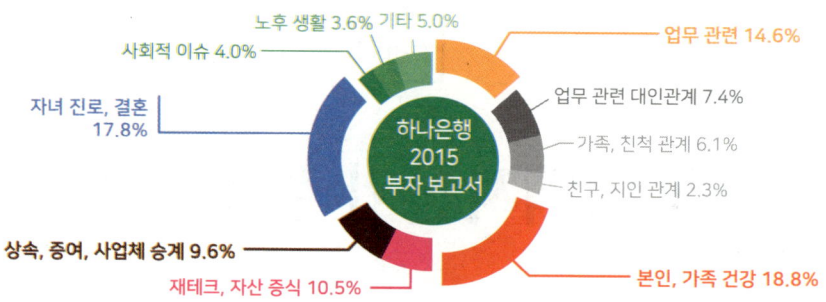

부자들의 고민

 어떻게든 살 수 있는 사람을 만나서 그들이 관심을 가질 만한 이야기를 해야 한다. 하나은행에서 매년 발행하고 있는 '부자 보고서'를 보면, 부자들의 고민 첫 번째는 건강, 두 번째는 자녀 진로, 세 번째는 사업, 네 번째는 재테크, 다섯 번째는 상속 증여라고 한다. 따라서 자산관리사의 입장에서 금융 이야기만 하면 그들의 관심에서 조금 벗어날 수 있다. 금융 이야기만 하기보다 사업 이야기를 재테크나 상속 증여와 연결해서 이야기하는 편이 그들의 니즈를 충족시키는 데 유리하다.

 고액자산가들에게 재무설계를 할 때는 현재 소득이 발생하고 있는지 아니면 형성한 자금을 운영하여 부를 유지하고 있는지를 파악해야 한다. 그런 다음 자산가들이 필요로 하는 내용을 안내해주어야 하는데, 소득이 발생할 때는 개인사업자인지 법인사업자인지에 따라 세금 절약 플랜을 제시할 줄 알아야 하며, 소득을 관리하는 단계에서는 금융소득종합과세 및 자금출처 조사대상과 관련한 내용을 자산가들에게 잘 전달해야 한다. 자산가들에게 소득이 발생하는 시기에는 종합 과세 및 법인세가, 자산을 운영하는 시기에는 운용 자산에 따라 이자 소득세 및 양도세가, 자산을 이전하는 시기에는 상속 증여세 등이 발생한다. 항상 자산가들에게는 세금의 문제가 따라 다니는 것이다.

따라서 자산가들의 특징과 더불어 세금에 대한 이해가 필요하다.

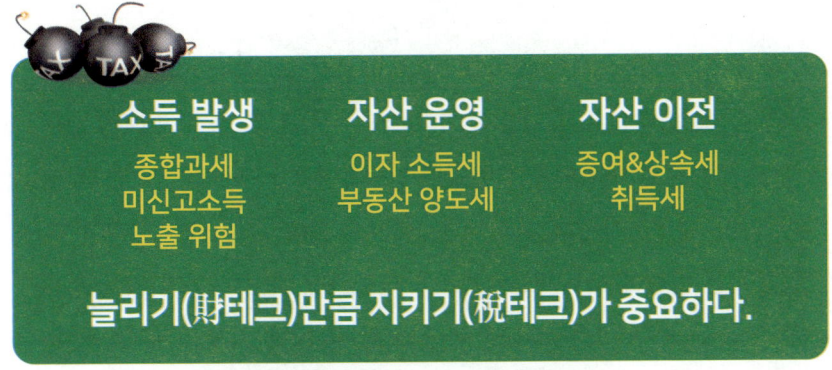

자산가들의 자금을 양성화시키기 위해 과세당국은 다양한 제도를 마련하였는데 그 제도는 다음과 같다.

구분	주요 내용
GIS 임대업 관리 시스템	국토 해양부 3차원 지리정보시스템(GIS)을 이용하여 임대 가격 비교 분석
소득지출분석시스템(PCI) - 2010년부터	재산증가액(등기·등록 등 재산) + 소비지출액(해외, 신용카드) - 신고금액 = 탈루금액
FIU 정보 확대	현행: 조세범칙혐의 확인을 위한 세무조사업무, 조세범칙사건(1년에 3% 활용) 개정: 확대
첨단 탈세 방지 센터(FAC) 운영 - 2011년부터	사이버 거래의 상시적 모니터링을 통한 변칙거래관리, 차명계좌 세무조사 역량 확대, D/B 분석기법 개발, 문서 위변조 및 진위 여부 판독 감정기 도입
기업주 관리 프로그램	기업주의 재산변동, 소비수준 분석 프로그램 구축
전산 조사 프로그램(CIP) 활용	삭제파일 복구(Excel은 모두 복구), 삭제 전표 기록 복구, 외주저장매체 접속 기록 확인
적격 증빙 시스템 운용	신용카드, 세금 계산서, 지급 명세서 신고 기록과 총 비용 비교

지하 경제 양성화를 위한 국세청 프로그램

PCI 제도란 소득지출분석시스템으로 국세청에서 운영하는 관리감독 시스템이다.

만약 소득 대비 소비를 많이 하거나 자산을 많이 형성하게 되면 PCI 시스템을 통해 내용을 파악할 수 있게 된다. 실제로 '행상 판매를 하면서 평생 모은 돈으로 자신의 염원이었던 건물을 하나 샀는데 건물 산 지 얼마 되지 않아 세무조사를 받았다'라는 내용을 접한 적이 있다. 보통 개인 사업자들은 업종에 따라 소득 신고를 과소하게 하거나 하지 않는 경우가 종종 있는데 이런 소득이 나중에 신고한 소득에 비해 많이 소비가 더 크거나 아니면 가치가 높은 부동산이나 차량을 매입하게 되면 국세청에서 바로 파악할 수 있다.

고액현금제도는 매일 2천만 원의 이상의 금액 거래 시 금융정보원을 통해 국세청에 보고되는 제도이다. 예전에는 고액 금액이 5천만 원 이상이었지만 자금시장 투명화를 위해 고액 기준을 대폭 강화해 2천만 원 이상 입출금 거래가 있을 경우 국세청에 그대로 통보되고 있다. 따라서 고액자산가들은 입출금 시 이 제도의 취지와 내용을 이해하여 고액 현금 거래가 있을 경우 주의해야 할 것이다.

```
┌─────────────────────┐     ┌─────────────────────┐     ┌─────────────────────┐
│ 최근 5년간 재산증가액 │     │ 최근 5년간 소비지출액 │     │ 최근 5년간 신고소득금액│
│ ◇ 부동산             │     │ ◇ 카드, 현금영수증   │     │ 수입금액(매출액)      │
│ ◇ 주식               │  +  │   사용액             │ VS. │  - 필요경비           │
│ ◇ 자동차, 회원권     │     │ ◇ 해외체류(여행)비   │     │  = 소득금액           │
│ ◇ 기타 등기 재산     │     │ ◇ 해외 송금          │     │                       │
│   (취득 - 양도       │     │   (유학 자금 등)     │     │ ◇ 신고소득금액은      │
│    = 증가(감소)액)   │     │ ◇ 연말정산 간소화    │     │    소득금액 - 세금    │
│ ◇ 금융재산           │     │   정책 관련 정보     │     │                       │
│   이자소득세 역산    │     │   (의료비, 보장성    │     │                       │
│                      │     │    보험료, 주택마련  │     │                       │
│                      │     │    저축 등)          │     │                       │
└─────────────────────┘     └─────────────────────┘     └─────────────────────┘
```

※ 2009.12.18. 10억 원 이상 차이 나는 사업자 4만 명 탈세 혐의자로 분류함
※ PCI 시스템의 맹점 >> 금융 재산이 "사각지대"
※ PCI 시스템에 노출되지 않는 금융 재산은?

소득지출분석시스템(PCI)

2014년 차명거래 금지법이 통과되면서 **차명 거래에 대한 불이익이 강화되었다.** 불법세탁 및 자금 은닉 목적으로 계좌 개설 시 5년 이하 징역 및 5천만 원 이하의 벌금이 부과된다. 다만 이 법은 **계좌에 한해서 적용**된다. 보험상품의 경우 계좌가 아니라 계약이므로 차명거래 금지 목록에서는 제외되었다. 보험 차명 가입은 형사 처벌 대상이 아니지만 이 경우 세법상 증여세는 납부해야 한다.

▷ 지하경제 양성화 방안
▷ 국세청 세무조사 요원 400명 증원 계획

 금융 거래 보고  정보 제공

금융기관   FIU(금융정보분석원)   국세청

구분	STR(혐의 거래 보고)	CTR(고액 현금 거래 보고)
정의	불법재산, 자금세탁행위 등의 의심스러운 금융 거래를 보고	보고 기준 금액 이상의 현금 거래를 보고하는 제도
보고 대상	의심스러운 금융 거래	- 보고 기준 금액 동일인 1일 합계 **2,000만 원 이상** 현금의 지급 또는 영수 거래, 창구 거래, 현금 자동 입출기 거래 등

FIU 자료 국세청 오픈

01 불법재산 은닉, 자금세탁 등 탈법행위 목적의 타인명의거래 금지
(불법행위 목적의 차명거래 금지 -『실명법』제3조 3, 4항 신설)

02 실명 확인 계좌의 금융 자산은 명의자 소유로 추정
(계좌 명의자의 소유권 추정 -『실명법』제3조 5항 신설)

03 5년 이하의 징역 또는 5천만 원 이하의 벌금
(불법 차명거래의 실소유자와 명의 대여자 처벌 -『실명법』제6조 1항 개정)

04 금융 거래 시 실소유자 신원 확인 고객 확인 불가 시 거래 거절
(금융회사의 실명확인 절차 강화 -『실명법』제5조 1항의 신설)

※ 보험상품은 차명거래금지대상 제외: 불법 차명 거래 금지 대상 상품을 '계좌' 기반으로 국한 보험은 계좌가 아니라 계약 기반 상품으로 차명 거래 금지 목록에서 빠짐
보험 차명 가입은 형사처벌 없음, 세법상 증여세는 납부해야 됨

「차명 거래 금지법」 [2014.11.29. 시행]

연령 증가, 자산 규모의 변동에 따라
단계별 자산 관리 전략이 필요하다!

자산가들의 사업체 형태 및 자산관리 단계를 파악하여 보장에서부터 사업 승계까지 자산가들이 필요로 하는 재무설계를 할 수 있어야 한다.

단계별 자산 관리 전략

5장 법인사업자 컨설팅

하나은행에서 매년 발행되는 부자 보고서를 살펴보면 우리나라에서 소득이 가장 높은 사람은 **법인 회사 CEO들**이다. 따라서 **법인 회사의 임원들이 무엇에 관심이 있는지 내용을 잘 살펴보아야 한다.**

법인사업자 컨설팅은 법인 창업부터 정관 및 제도정비, 그리고 인수합병까지 다양하고 **아주 많은 내용을 담고 있다.** 따라서 법인컨설팅을 어설프게 이해해서 접근하면 안 되며 준비한 내용을 완벽하게 숙지해야 한다. 법인 컨설팅을 크게 4분류로 나누면 **회사운영리스크, 회사가치평가, 임원보수규정, 제도정비** 등으로 나눌 수 있다.

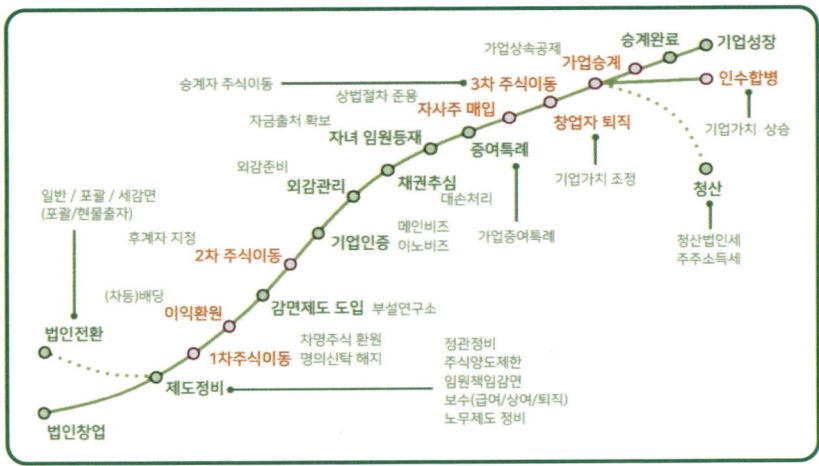

소득세&법인세 이해

가지급금이란?

실제 현금의 지출은 있었지만 거래 내용이 불분명하고, 거래가 완전 종결되지 않아 계정 과목이나 금액이 미확정인 경우에 그 지출액에 대해 일시적으로 표시하는 과목

가지급금 인정이자	- 가지급금 대표자 상여로 간주, 인정이자 발생 - 근로소득세 증가, 4대 보험료 증가 - 가중평균 차입이자율 or 당좌대출이자율(12년 기점 8.5%/6.8%) - 인정이자가 복리로 늘어남
인정이자익금산입 가지급금손금불산입	- 업무무관 가지급금에 대한 인정이자익금산입 대상 - 가지급금은 손금불산입으로 법인세 증가
은행거래 신용도 평가	- 은행거래시 신용도 평가에서 불리한 요소로 작용 - 거액의 가지급이 있는 경우 중요한 평가지표로 작용
과세당국 불신	- 개인의 부당한 사용액으로 보아 상여처분의 리스크
비상장주식가치 증가요인	- 가지급금은 채권으로 분류되나 회수 가능성은 의문 - 채권 요소 낮음에도 자산가치로 가중되어 주식가치 증가요소
평생지급의무	- 가지급금은 회사 파산 시에도 가지급금을 지급할 의무 가지고 있음
배임 및 횡령혐의	- 업무무관 가지급금 사용으로 주주들에게 피해를 줬다고 판결될경우 형사조치 가능

가지급금이 가져오는 불이익

법인 컨설팅 때의 법인 리스크 중 하나가 가지급금이다. 법인을 운영하면 개인사업자처럼 대표가 자금을 마음대로 사용할 수 없다. 법인사업자가 법인 자금을 가져올 때는 합법적으로 급여 및 상여금 또는 퇴직금 및 배당금으로만 사용해야 하는데, 이외의 용도로 법인 자금을 사용하면 가지급금이 된다. 법인사업자가 자신의 이익을 목적으로 사용하는 경우도 있지만 접대비나 인건비 등 사업상 목적으로 사용되었지만 뚜렷한 출처를 밝힐 수 없을 경우에도 가지급금으로 분류된다. 이런 금액이 쌓이면 회사 입장에서는 향후 엄청난 문제가 발생할 가능성을 가지는 것이다.

가지급금이 발생할 경우 금융기관 및 과세당국 불신은 물론 법적인 제재도 받을 수 있으며, 회사 운영 시 인정 이자만큼 경영자가 상환해야 하는 부채가 늘어나기 때문에 여러 가지 문제가 발생할 수 있다.

따라서 가지급금은 초기에 해결해야 한다.

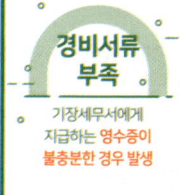

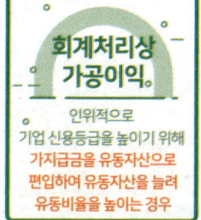

발생 원인

법인 회사 가치를 평가할 때 기준을 자본금으로 해야 할지, 매출액으로 해야 할지, 부동산 가치로 해야 할지, 특허 등 무형자산으로 해야 할지 의문이 생긴다. 법인인 경우 주식회사 형태이면 주식 가치로 회사를 평가할 수 있다. 주식가치 평가에서는 상속 및 증여 문제도 발생할 수 있으니 가치평가구조를 제대로 이해해야 한다.

 법인 설립 시 주당액면가가 5천 원인 주식이 있는데 현재 가치로 평가해보니 50만 원이라고 해보자. 이러할 경우 우리나라에서 가장 높은 세금이 상속증여 세율인데 세금 문제 및 회사운영에도 문제가 생긴다.

 주식가치는 3회계년도 기준으로 일반기업은 순수익(당기 순이익) 60% 순자산의 40%로 해서 가중평균을 한다. 단, 직전년도 순수익(당기 순이익)을 3배수, 직직전년도는 2배수, 직직직전년도는 1배수로 계산해서 가중평균한다. 즉, 직전년도 순수익이 높은 경우 주식 가치가 높아진다. 부동산 과다 법인인 경우 순수익(당기 순이익) 40% 순자산 60%로 해서 가중평균을 하는데, 비상장주식평가법이 개정되어 2018년 4월 이후에는 순자산 80% 계산한 값이 더 큰 경우 순자산 80% 가치로 평가한다.

$$1주당\ 평가액 = \frac{1주당\ 순손익가치 \times 3 + 1주당\ 순자산가치 \times 2}{5}$$

비상장주식 평가

재무상태표

일정시점
자산, 부채, 자본 파악

자산 = 부채 + 자본
부채↓ 자본↑ 선호↑

손익계산서

일정기간
수익 및 비용을 파악
(매출액, 영업이익, 당기순이익)

매출액 - 매출원가 - 판관비
= 영업이익
영업이익 - 영업외손익 - 세금
= 당기순이익

1. 법인등기부등본 주요기재사항과 정관일치 여부(등기)		11. 임원보수규정의 적절성(급여/상여/퇴직금)		임의(세법)
2. 전자공고 규정 (등기)	상법289 ③	12. 임원복리후생규정의적정성(유족보상금/비과세급여 등)		임의(세법)
3. 실무임원에 대한 규정	임의	13. 주금납입에 대한 상계처리규정		상법4221
4. 주식양도제한 규정 (등기)	상법335①	14. 차등배당		임의
5. 중간배당규정	상법462③	15. 명의개서대리인		상법337②
6. 제 3자 배정규정	상법418②	16. 무기명, 무액면주식 발행		상법357①
7. 자기주식 관련 규정	상법341(임의)	17. 종류주식 발행		상법334,346
8. 이익소각규정	상법343①			
9. 스탁옵션규정 (등기)	상법340조②			
10. 스탁그란트규정	임의			

정관 체크리스트

　법인 회사 임원보수규정이나 상태를 이해하려면 정관 및 재무제표를 파악해야 한다. 재무제표를 통해 가지급금 여부와 임원의 보험 및 퇴직연금 가입 여부를 파악할 수 있으며, 주식가치평가 등 다양한 정보를 얻을 수 있다.

　재무제표는 크게 재무상태표(구 대차대조표)와 손익계산서, 현금흐름표가 있는데 재무상태표는 현재 재산 상태를 파악하는 것이며 손익계산서에서는 회사의 수입, 지출 내용을 알 수 있다. 현금흐름표로는 영업활동, 재무

활동, 투자활동을 파악할 수 있는데 자산이 70억 이상이면 의무적으로 작성해야 하지만 소규모 기업인 경우 현금흐름표가 없는 경우가 많다. 정관은 회사의 자체적으로 정한 법규인데, 정관에 임원보수 규정 및 회사 운영내용(스톡옵션, 이사회, 주주총회, 임원보수규정 등)을 정할 수 있다.

**따라서 재무제표 및 정관을 제대로 이해해야
회사에 맞는 컨설팅을 할 수 있다.**

임원보수규정에 대해서는 다음 챕터 'CEO 플랜'에서 설명하겠다.

6장 CEO 플랜

　CEO 플랜은 주로 보험상품을 이용하여 **임원의 법인 자금 활용 방법을 제시하는 내용이다.** '법인'의 '인'은 '사람 인 자(人)'로 과세당국에서는 대표자와 별도로 개별 주체로 인식하고 있다. 따라서 과세당국은 법인 단독적으로 **법인세**라는 세금을 부과하고 있는데, 이런 법인 자금은 대표자들이 함부로 운영해선 안 된다. 그렇기 때문에 대표자들은 법인 자금을 잘 운영해야 하는데, 법인의 자금을 합법적으로 대표자가 가져올 수 있는 방법은 크게 3가지로, **급여와 배당, 퇴직금**이다.

　세 가지 자금을 법인을 통해 가져올 때는 각자의 세금이 부여된다. 급여 및 상여금은 근로소득으로서 금액에 따라 최고 42% 종합소득세가 부과된다. 배당은 대표자들이 대부분 지분을 들고 있는 주주이기에, 회사 순익에 관해서 배당을 가져올 수 있는데, 배당은 금융소득으로 2천만 원 한도까지 14% 세금이 부여되지만 2천만 원 초과 시 종합소득세가 부과된다.

현재 많은 금액을 가져오는데, 상대적으로 낮은 세율이 적용되는 세금은 퇴직금이다. 퇴직세율이 2016년에 개정되어 점차 늘어나고 있긴 하지만 상대적으로는 낮은 세율이라고 볼 수 있다.

CEO 플랜이란?
임원퇴직금의 지급을 위한 재원마련의 수단으로써 보험계약을 이용하는 것이다. 특히 비과세 혜택과 비용처리 부분에서 많이 활용되고 있다.

CEO 플랜의 이해

과세표준	세율
1,200만원 이하	6 %
1,200 ~ 4,600만원	15 %
4,600 ~ 8,800만원	24 %
8,800 ~ 1억 5000만원	35 %
1억 5000만원 ~ 3억원	38 %
3억 ~ 5억 / 5억 ~	40 % / 42 %

급여, 상여금	급여, 상여금	퇴직금
	2000만원 미만은 14% 2000만원 초과 부분은 종합과세로 금액에 따라 6~42% 과세	퇴직금은 종합과세 하지 않고 분류과세를 원칙으로 하면서 근속연수 공제 및 금액에 따라 35% 공제를 적용하면 많은 세제 혜택을 받고 있는 상황이다.
세율 6~42%	세율 14%	세율 8~18%

법인의 자금을 CEO 자금으로 이전할 경우 많은 금액을 낮은 세율로 가져올 수 있기 때문에 **퇴직금을 활용한 CEO 플랜을 많이 사용**한다!

CEO 플랜의 목적

CEO 플랜 보험료의 손금처리 (서면2팀 - 1631, 2006.8.28.)

법인이 피보험자를 임원(대표이사 포함) 또는 종업원으로, 수익자를 법인으로 하여 보장성 보험과 저축성 보험에 가입한 경우, 법인이 납입한 보험료 중 만기 환급금에 상당하는 보험료는 자산으로 계산하고, 기타의 부분은 이를 보험 기간의 경과에 따라 손금에 산입하는 것을 말한다.

손금처리 요약

저축성보험		
보장성 보험	만기환급형	소멸보험료만 손금인정
	순수보장성	전액손금인정

CEO 플랜 비용처리

이런 퇴직금 재원을 마련하는 것이 CEO 플랜의 목적이다. 생명보험 회사에서 이야기하는 CEO 플랜은 퇴직금 재원을 마련하기 위해 생명보험상품을 이용하는 것이고 생명보험상품의 특징인 보장을 가입 기간 동안 누리면서 매월 결제되는 보험료를 비용처리하는 방법이다. 여기서 많은 대표들이 CEO 플랜을 이용할 때 비용처리가 되느냐는 질문을 한다. 법인이 내는 납입 보험료에 따른 손금처리에 관한 규정을 보면 **저축성 보험과 만기환급형 상품은 소멸 보험료만 비용처리**하고, 저축 부분은 자산으로 잡는데 **순수 보장성 상품은 전액 비용처리를 해도 된다고 되어 있다**. 단, 법인세법상 비용처리 원칙은 순자산을 감소시키는 거래이면서 일반적으로 인정되는 수익과 직접적인 관계가 있어야 한다. **즉, 업무연관성, 수익연관성, 과다지출이 아닌 것으로 정리할 수 있다.**

그분의 유고 시는 회사에 큰 리스크이다. 그래서 임원 대상 유족보상금을 업무와 수익 연관성으로 볼 수 있다. 통상 임원 대상 유족보상금을 **평균임금의 1,500일에서 2,000일** 정도 정관에 정해 놓으면 그 금액에 해당하는 보험료를 비용처리할 수 있다(보수적으로 장의비 120일 + 유족보상금 1,300일을 합쳐 1,420일로 정해 놓는 경우도 많다.). 그리고 퇴직금 규정도 정해 놓아야 한다. **임원은 직원과 달리 퇴직금에서** 혜택을 볼 수 있다. 즉, **직원 퇴직금 수준의 3배** 정도 되는 자금을 합법적으로 가져올 수 있다. 이 내용도 정관에 표시되어 있으면 좋다.

이런 유족보상금 규정과 퇴직금 규정이 정관에 표시되어 있으면 비용처리의 법적 근거가 될 수 있다.

임원퇴직금한도(「소득세법」 22조 3항)

임원의 퇴직소득금액(2012.1.1. 이후 근무 기간에 해당하는 금액)이 다음 산식에 따라 계산한 금액을 초과하는 금액은 근로소득으로 본다.

퇴직일 이전 3년간 연평균 급여 X 1/10 X 근로연수 X 3배
평균연봉의 3배수

정관변경 - 퇴직금

소득세 비과세(「소득세법」 12조 3항)

근로의 제공으로 인한 부상, 질병, 사망과 관련하여 근로자는 그 유족이 받는 배상, 보상, 위자의 성질이 있는 급여

정관의 명시한 금액
평균임금의 1,500 ~2,000일 정도

상속세 비과세(「상증세법」 10조 5호)

근로자의 업무상 사망으로 인하여 근로기준법 등을 준용하여 사업자가 그 근로자의 유족에게 지급하는 유족보상금 또는 재해보상금과 그 밖에 이와 유사한 것

정관변경 - 유족보상금

생명보험을 활용한 비용처리 실무

만기환급액이 존재하는 종신보험을 납입 기간 동안에는 비용처리하고 환급액이 돌아오는 시기에 자산으로 처리되어 세금이 과세될 수 있으나 그 시기에 퇴직금 처리로 비용처리를 하면 종신보험을 납 입 기간 동안 비용처리할 수 있다.

비용처리 → 유족보상금 활용

퇴직 또는 퇴직금 중간 정산 → 퇴직금 비용처리

퇴직금 중간정산 사유
▷ 천재지변
▷ 1년 이상 무주택자 주택 구입
▷ 3개월 이상 요양(가족 포함)

**솔직히 부자는 몰라도
가난해지진 말자!**

발행일   2025년 04월 01일

지은이   손인승
펴낸이   남성현

편집·디자인   (주)에프피하우스

펴낸곳   (주)에프피하우스   출판등록   2024년 7월 4일(제2024-000015호)
주소   부산광역시 남구 수영로 312, 2028호
전화   1566-4875

ISBN   979-11-990658-1-9 (종이책)   979-11-990658-0-2 (전자책)

· 인쇄·제작 및 유통상의 파본 도서는 구입하신 서점에서 바꿔드립니다.
· 이 책의 전부 또는 일부 내용을 재사용하려면 반드시 사전에 저작권자와 (주)에프피하우스의 동의를 받아야
  합니다.